DURCH STARTEN

FÜR ERFOLGREICHE TESTS UND SCHULARBEITEN

FRANZÖSISCH

10 bis 13

6.–8. Kl. AHS/3.–5. Jg. BHS

ÜBUNGSBUCH LÖSUNGSHEFT

VERITAS
Gemeinsam besser lernen

INHALTSVERZEICHNIS

COMPRÉHENSION ÉCRITE

Tâche 1 ÊTRE AU PAIR (A2)

	A	B	C	D
0	☐	☐	☐	☒
1	☒	☐	☐	☐
2	☐	☐	☐	☒
3	☐	☐	☒	☐
4	☐	☒	☐	☐
5	☐	☒	☐	☐
6	☐	☐	☒	☐

Tâche 2 SÉJOUR AU PAIR (B1)

	A	B	C	D
0	☐	☐	☐	☒
1	☐	☐	☒	☐
2	☐	☐	☒	☐
3	☐	☐	☐	☒
4	☐	☐	☒	☐
5	☐	☐	☒	☐
6	☒	☐	☐	☐

Tâche 3 ENTRETIEN D'EMBAUCHE (B2)

	A	B	C	D
0	☐	☐	☐	☒
1	☐	☐	☐	☒
2	☐	☒	☐	☐
3	☐	☐	☐	☒
4	☐	☐	☒	☐
5	☐	☐	☐	☒
6	☒	☐	☐	☐
7	☐	☐	☒	☐

Tâche 4 L'ARGENT DE POCHE (A2)

0	1	2	3	4	5	6
F	E	D	G	C	A	H

Distracteur : B

Tâche 5 LE FAST-FOOD (B1)

0	1	2	3	4	5	6	7
F	A	B	H	G	I	J	E

Distracteur : C, D

Tâche 6 LA GASTRONOMIE FRANÇAISE (B2)

0	1	2	3	4	5	6	7	8
F	A	I	B	H	J	D	C	E

Distracteur: G, K

Tâche 7 UN VOYAGE AU MAROC (A2)

	accepté	pas accepté
0	*un ou deux jours*	
1	multiples dynasties plusieurs dynasties les Almohades les Almoravides et les Saadiens	les Almohades, les Almoravides et les Saadiens – zu viele Wörter
2	du centre-ville du centre	
3	plus de 700 ans plus de sept-cents ans	700 ans
4	19e siècle	
5	des expositions d'art	
6	l'artisanat marocain des bijoux des costumes des poteries la décoration du musée	
7	aux souks au marché	

Tâche 8 PARTIR EN VACANCES MOINS CHER (B1)

	accepté	pas accepté
0	*un site Internet*	
1	gratuit	
2	Nightswapping	
3	€ 34,90	€ 149,90
4	dans 34 000 villes dans 192 pays	
5	une commission une commission comprise	
6	une auberge de jeunesse	
7	le site-camping-sauvage.fr	

Tâche 9 COMBATTRE LE STRESS (B2)

	accepté	pas accepté
0	*de nos grand-mères*	
1	le corps et l'esprit	
2	des herbes	
3	flacons miniatures	
4	ses muscles ses tensions	
5	la déprime saisonnière la fatigue les tensions	
6	pendant 10 minutes 10 minutes dix minutes	
7	une pause à midi une pause pour déjeuner	

Tâche 10 LOGEMENT (B2)

	V	F	Les quatre premiers mots
0	☒	☐	*Plus modestement, les Français*
1	☐	☒	À une courte majorité
2	☒	☐	La majorité des Français
3	☐	☒	Preuve que rêve et
4	☐	☒	À l'intérieur de ce
5	☐	☒	La famille Pastour, elle
6	☒	☐	Dans le cadre d'un
7	☒	☐	Le bâtiment promet notamment

COMPRÉHENSION ORALE

Tâche 1 JEUNE FILLE AU PAIR(A2)

0	1	2	3	4	5	6	7	8
D	B	C	D	A	C	D	A	C

Manuscrit dactylographié ENREGISTREMENT 1 «JEUNE FILLE AU PAIR» (A2)

J'aimerais vous parler aujourd'hui de mon expérience en tant que jeune fille au pair. Je suis Française, mais je travaille à Linz depuis 6 mois environ. Je suis arrivée dans une famille autrichienne avec 3 enfants. Les 3 enfants ont 6 ans, 8 ans et 10 ans et je suis dans cette famille parce que les parents travaillent beaucoup et ils n'ont pas beaucoup de temps pour s'occuper des enfants. Donc, je suis là pendant un an et pour moi c'est pratique parce que je peux apprendre l'allemand et pour moi c'est important d'apprendre les langues. Alors, mon travail est très passionnant. Généralement, je me lève avec les enfants avec toute la famille et je déjeune le matin avec tout le monde. Donc, les parents préparent le petit déjeuner. Moi, je viens déjeuner avec les enfants et puis c'est seulement après le petit déjeuner que je commence à travailler. Donc, après le petit déjeuner je prends les enfants et je les habille, je prépare les affaires pour aller à l'école. Donc, on prend les cartables, on prend les manteaux, les vestes, les écharpes et puis s'il fait froid, ils prennent un chapeau ou un bonnet et on va à l'école. Donc, ensuite quand les enfants sont à l'école, moi, je suis libre. Je peux rentrer à la maison. Je peux faire quelques courses. Je peux aussi préparer un petit repas et les enfants reviennent à 14:00 heures. Donc, je vais chercher en fait les enfants à 14:00 heures et ensuite on va au parc ou bien on fait les devoirs, on fait des jeux et ensuite le soir les parents rentrent. Et là, c'est vraiment super parce qu'à partir de 18:00 heures je n'ai plus de travail, je peux me reposer. Et le week-end aussi je n'ai pas besoin de travailler. Donc, c'est vraiment très intéressant pour moi et puis très intéressant aussi pour apprendre la langue.

Tâche 2 EXPÉRIENCES DE VACANCES(B1)

0	1	2	3	4	5	6	7	8
D	A	C	B	C	D	B	A	D

Manuscrit dactylographié ENREGISTREMENT 2 «EXPÉRIENCE DE VACANCES» (B1)

Walter: Bon, Alice, c'est le printemps, tu es partie en vacances dernièrement?
Alice: Alors oui, j'étais en vacances, c'est vrai que j'ai eu 4 jours de vacances. Mais finalement, je ne suis pas partie. Je suis restée à la maison, mais j'ai fait plein de choses.
W: Ah bon? Si je reste à la maison, je m'embête. Qu'est-ce que tu as fait?
A: Ah non, j'ai été faire du vélo, j'ai fait un tour de vélo magnifique, vraiment j'ai passé 5 heures à faire du vélo et ça faisait longtemps que ça ne m'était pas arrivé de faire tant de sport et puis m'amuser et en même temps de prendre le soleil et de m'amuser aussi avec des amis. Je n'étais pas toute seule en vélo.
W: Moi, j'aime bien, j'aime bien faire du sport pendant les vacances mais là les vacances que j'ai choisies c'était des vacances-plage en fait.
A: Ah, c'est vrai, tu as de la chance. Où est-ce que tu as été?
V: On est allés à Dubrovnik en Croatie mais je ne sais pas si j'ai eu de la chance, ça c'est pas très bien passé, en fait.
A: Oh, mince!
W: Oui
A: C'est dommage!
W: On a eu, on a eu un souci, l'avion était annulé.
A: Oh, là, là!
W: ... et on a mis 15 heures pour arriver à Dubrovnik.
A: 15 heures, c'est long, c'est vrai que c'est long.
W: Oui, oui, ben on a eu, on était dans 3 avions, ils se sont arrêtés à Belgrade et à Zagreb et c'était vraiment pas agréable.
A: Ah bien, je comprends, oui mais pourquoi?
W: On ne sait pas vraiment, personne nous a expliqué. C'était vraiment pas claire. Tout ce que je sais, c'est qu'on a peut-être le droit de se faire rembourser le voyage.
A: Ah, bon au moins ça. C'est sûr que ça indemnise les frais.
W: Oui mais c'est du travail, c'est très compliqué en fait.
A: C'est compliqué?
W: Oui, je crois que ça ne va pas marcher. Je vais quand même essayer.
A: Tu vas quand même essayer? Et finalement qu'est-ce que tu as fait pendant tes vacances?
W: Alors, on a profité de la côte quand même. on est allé se baigner une fois.
A: Très bien.
W: L'eau était très froide. Mais c'était quand même très agréable. Et puis on a fait des visites, on a fait de la randonnée. On a fait un petit peu de sport. C'était vraiment très bien mais très court.
A: Je comprends. Super. Merci de m'avoir raconté tes vacances.
W: De rien. Merci.

Tâche 3 LA PUB(B1 +)

0	1	2	3	4	5	6	7
D	C	D	A	B	B	D	A

Manuscrit dactylographié ENREGISTREMENT 3 « LA PUB » (B1)

W : Oh non mais j'en ai marre ! Le film là que je suis en train de regarder, c'est un film d'action, c'est génial, ben là il y a de la pub.
A : Ah oui, je comprends, c'est vrai que tu avais envie de continuer à voir ton film.
W : C'est claire, là il y a une poursuite en voiture, je ne sais pas ce qui se passe, il y a encore une pub idiote à la télé.
A : Ah oui, c'est toujours au moment où tu as envie de connaître la suite qu'il y a de la pub.
W : Tu en penses quoi toi de la pub, ça ne te gêne pas ?
A : Ah, non. Moi, j'aime bien en fait, j'aime bien généralement, j'aime bien la pub. C'est vrai que quand je regarde un film très, très intéressant j'ai pas envie non plus d'être coupé par la publicité mais de manière générale j'aime bien la publicité parce que je trouve ça très rigolo. J'aime ça, je trouve ça amusant. Et surtout quand je regarde un film, en fait, j'aime bien pouvoir aller aux toilettes pendant la publicité.
W : .... faire une pause.
A : Voilà, faire une pause ou bien prendre un verre d'eau, pour boire un petit peu.
W : Ça ne fait que 15 minutes de film, c'est vraiment énervant et en plus les pubs franchement, c'est toujours les mêmes, c'est toujours la même pub. Ça m'embête vraiment beaucoup.
A : Oui, mais en même temps tu peux profiter aussi pour téléphoner à un ami par exemple pendant la publicité.
W : Oui, c'est vrai, tu n'as pas tort mais, il n'y a pas que la télévision, il y a partout des publicités dehors. Quand je prends le bus, il y en a sur le bus, il y en a dans la rue. J'en peux plus, moi, je veux bien être tranquille !
A : En même temps, je trouve que dans la rue c'est vraiment agréable d'avoir des pubs parce que comme ça, ça me permet d'avoir des idées. Je sais comme ça, ce qui est à la mode par rapport aux habilles ce que les gens mettent. Sur la publicité c'est généralement les habilles qui sont à la mode. Donc, pour moi c'est super important.
W : OK. Toi, tu suis la mode. Moi, pas trop, ça veut dire ça ne m'intéresse pas énormément. Tu as vu, tu as reçu des mails aussi dernièrement. Moi, j'arrête pas de recevoir des mails, c'est de la publicité aussi.
A : Oui, c'est vrai que j'ai reçu quelques mails mais moi ça m'a donné des idées parce que je me suis dit que ça serait une bonne idée d'acheter le sèche-cheveux que j'ai vu la dernière fois sur la pub. Et c'est vrai que mon sèche-cheveux, il est vraiment démodé et j'aimerais bien en avoir un meilleur et là, grâce à la publicité, j'ai vu qu'il y a un nouveau sèche-cheveux.
W : C'est vrai que ...
A : C'est parfait.
W : J'ai reçu un mail pour un billet d'avion qui n'était pas cher en fait, tu as raison, oui. Attends mon film a recommencé. Il faut que j'y aille.
A : Ah bon, ben, je te laisse. Salut.

Tâche 4 UN WEEK-END PLUVIEUX(A2 +)

0	1	2	3	4	5
B	D	E	A	G	C

Manuscrit dactylographié ENREGISTREMENT 4 « UN WEEK-END PLUVIEUX » (A2)

Alors le week-end quand il pleut, qu'est-ce qu'on peut faire ? Eh bien, moi, par exemple, j'aime bien bricoler. Donc, j'aime bien réparer mon ordinateur. Il est toujours en panne, il y a toujours plein de choses à changer dessus. Et ça prend du temps, c'est vraiment très, très intéressant. On apprend plein de choses. Sinon, on peut aussi faire les devoirs parce que s'il pleut, on ne peut pas sortir. Donc, c'est le meilleur moment pour faire les devoirs. Donc, j'aime bien rester une heure dans ma chambre pour travailler pendant une heure pour faire mes devoirs.
Quand je demande à mes parents, ils me disent : « si tu t'embêtes, tu peux lire un livre ». Alors, j'ai commencé à lire. Je lis le « Seigneur des Anneaux » et c'est vraiment un super livre. Il est très, très long. J'espère qu'il va pleuvoir encore plus souvent. Puis il y a une autre possibilité, moi j'aime bien, c'est sortir pour me balader sous la pluie. C'est vrai que c'est un peu étrange, mais quand on a un K-way, une veste pour la pluie, on n'est pas vraiment mouillé et il n'y a personne dehors. C'est toujours très, très calme. J'aime bien me promener dans la forêt par exemple. Et puis l'autre possibilité, mais ça tout le monde le fait souvent, c'est la télévision mais moi, je n'ai pas toujours le droit. Je peux regarder une ou deux séries pendant le week-end mais c'est tout. Mais ce qui est sûr c'est quand il pleut je ne m'embête pas.

Distracteurs : F, H

Tâche 5 UN ENTRETIEN D'EMBAUCHE (B1)

0	1	2	3	4	5	6	7
B	G	D	A	E	C	J	H

Distracteurs : F, I

Manuscrit dactylographié ENREGISTREMENT 5 « UN ENTRETIEN D'EMBAUCHE » (B1)

W : Entrez, bonjour.
A : Bonjour monsieur.
W : Bonjour, asseyez-vous.
A : Merci.
W : Est-ce que vous pourriez vous présenter en quelques mots ?
A : Oui, bien sûr. Je m'appelle Cécile Dupont. J'ai 22 ans. Je suis française. Je viens de Lyon et j'ai été au lycée Jules Ferry où j'ai fait mon bac ES, donc Économique et Social. Et ensuite, je fais mes études d'économie. Donc, je commence en fait, je suis en première année d'économie à la fac, à la faculté à Paris et c'est pour ça que je viens vous voir, parce que j'aimerais faire un stage dans votre banque.
W : Très bien. Vous voulez faire ce stage à partir de quand ?
A : En fait, j'ai du temps, j'ai du temps à partir de la semaine prochaine.
W : Très bien, OK, merci. J'ai vu dans votre CV que vous avez effectivement fait des études mais vous avez une période où il n'y a rien. Est-ce que vous pourriez me dire ce que vous avez fait pendant ce temps-là ?
A : Oui, alors, j'ai passé mon bac et ensuite je ne savais pas vraiment ce je voulais faire. Alors, j'ai fait quelques petites expériences. J'ai été au pair en Angleterre parce que je voulais perfectionner mon anglais.
W : Très bien.
A : Et ça c'est bien passé. J'ai été avec les enfants dans une famille.
W : OK. C'est une bonne expérience. Parlant de langue, est-ce que vous parlez d'autres langues que l'anglais ?
A : Alors, bien sûr le français, c'est ma langue maternelle. Je parle donc anglais et puis un petit peu allemand. J'ai appris l'allemand à l'école. Voilà, c'est tout.
W : Ça peut être utile pour ce travail. Est-ce que vous avez une expérience avec des clients déjà ?
A : Ah, oui, alors j'ai fait un stage d'une semaine. J'ai été à la poste. Ça c'est très bien passé. J'étais toujours en contact avec les clients.
W : OK. Bien. Donc, vous avez fait une section ES. Est-ce que vous avez une idée de la comptabilité ?
A : Ah, oui, c'est vrai qu'on avait de la comptabilité en ES, oui, oui. J'ai fait un petit peu de comptabilité.
W : Vous avez fait cette expérience-là. Très bien, j'aurais encore une autre question. Donc, le contrat ici, c'est uniquement un contrat de remplacement pour 3 semaines. Est-ce que ça vous conviendrait ?
A : C'est exactement ce qu'il me faut.
W : Excusez-moi.
A : Il n'y a pas de problème.
W : Donc, merci, on va vous, de toute façon, vous recontacter dans les jours qui viennent ... puisque ce poste est libéré très rapidement. Ce que j'ai entendu, ça me plaît. J'espère qu'on pourra vous revoir bientôt.
A : Très bien. Merci, monsieur, au revoir.
W : Au revoir.

Tâche 6 UN APPARTEMENT PARTAGÉ (B1)

0	1	2	3	4	5	6	7	8	9
B	C	G	A	D	E	I	F	H	K

Distracteurs : J, L

Manuscrit dactylographié ENREGISTREMENT 6 « UN APPARTEMENT PARTAGÉ » (B1)

A : C'est génial, on a réussi nos bacs.
W : Ça fait du bien.
A : Enfin, on peut se reposer un peu !
W : Tu as des projets pour l'année prochaine, alors ?
A : Ben oui, l'année prochaine, j'ai été prise à Science Po à Paris.
W : Je vais aussi à la fac à Paris.
A : Ah oui, c'est vrai, c'est trop bien ! C'est génial ça ! Mais tu as déjà vu les prix ?
W : Oui, mes parents ont regardé. Cela leur fait vraiment peur.
A : Les prix des loyers surtout. Un appartement à Paris ça coûte vraiment très, très cher.
W : Je ne sais pas comment on va faire mais j'ai vu qu'il y a des gens qui partagent des fois un appartement.
A : Ça veut dire qu'ils louent un appartement et deux personnes y habitent.
W : Ça ne doit pas être facile mais ce n'est pas une mauvaise idée. Ça te dirait pas ?
A : Mais oui, c'est une bonne idée, très bien. Très très bonne idée.
W : Par contre, il va falloir qu'on organise des trucs si cela t'intéresse, hein ?
A : Très bien, bien il va falloir commencer à chercher un appartement.
W : Ça serait quoi comme appartement idéal qu'il nous faut ?
A : Il nous faudrait un appartement qui soit pas trop loin de l'université. Ça c'est déjà primordial et puis pas très loin du métro pour pouvoir se déplacer et pour pouvoir être en ville rapidement.
W : C'est plus pratique, oui. Il nous faut deux chambres aussi.

A: Oui, ça c'est sûr, oui, mais moi, j'aimerais bien avoir un salon aussi, quand même une chambre pour moi, une chambre pour toi et puis un salon pour pouvoir inviter des amis par exemple.
W: C'est pas une mauvaise idée, oui. Je ne sais pas combien ça coûte mais il faut regarder. Et ... moi je sais qu'à la maison c'est souvent difficile, on a plein de règles pour vivre ensemble.
A: Ah oui, mais vous êtes une grande famille aussi.
W: C'est difficile. Alors ma mère, elle fait plein, plein de règles et tous les jours on a chacun une chose à faire, une tâche à faire à la maison.
A: Par exemple ...
W: Moi, je fais le ménage tous les mercredis.
A: Ah, tu fais le ménage tous les mercredis, c'est une bonne chose, on pourra garder les mêmes règles que ta maman a déjà mises.
W: Toi, tu pourrais faire quoi, toi?
A: Alors, moi ben le ménage. J'aime bien faire la cuisine.
W: Écoute. Moi, je suis vraiment pas bon en cuisine. J'ai essayé mais je sais faire des œufs durs mais ...
A: Ah oui, si tu veux, je peux faire les pizzas, les pâtes. Je sais faire du riz, enfin j'aime bien cuisiner.
W: On pourra manger ensemble tout le temps.
A: Disons que je vais avoir beaucoup de choses à faire aussi. C'est vrai que l'année prochaine je fais des études. Donc, j'aurais beaucoup de choses à faire mais de temps en temps, si tu veux une fois par semaine, le mercredi par exemple je pourrais faire la cuisine.
W: Cool
A: En échange du ménage.
W: Oui, on peut faire ça, oui, c'est pas une mauvaise idée.
A: Et dis-moi, est-ce que tu regardes la télé?
W: Ah oui, j'adore ...
A: Tu aimes la télé. Tu serais d'accord pour mettre une télé dans le salon?
W: J'en ai déjà une. On peut déjà le mettre dans le salon.
A: C'est pratique parce que moi, j'en ai pas.
W: Moi, j'adore le foot.
A: Ah, moi, j'aime pas trop le foot. Je préfère les films le soir pour me détendre. Les films, les séries, les histoires où tu plonges dans l'histoire rapidement. Mais bon, je pense qu'on trouvera un compromis.
W: J'espère, oui, pas de problème.
A: J'ai une dernière questions. Est-ce que tu prends tes douches le matin ou bien le soir?
W: Ah, moi le matin.
A: Le matin puisque moi c'est pareil. Je prends la douche le matin et pour moi c'est vraiment important que je puisse prendre ma douche avant le petit déjeuner.
W: Ah ben, c'est super parce que moi je la prends après. C'est sûr qu'on pourra ménager ensemble. Il n'y aura pas de problème.
A: Je suis super contente. Ça va être génial! Vraiment!

Tâche 7 MES VOISINS(A2)

	accepté	pas accepté
0	*au-dessus*	
1	chic très chic	bien-habillés
2	deux chats 2 chats des chats	
3	très tard le soir très tard pendant la nuit la nuit à la télévision à la télé	le soir
4	ses études études	
5	30 ans trente ans	
6	des jeans des baskets des vêtements décontractés des tee-shirts	
7	photographe	
8	timide	

Manuscrit dactylographié ENREGISTREMENT 7 « MES VOISINS » (A2)

Alors, j'habite dans un immeuble à Vienne dans la ville et j'ai pas mal de voisins. J'ai des voisins au-dessus de chez moi et j'ai des voisins en face de chez moi. Donc, au-dessus de chez moi, il y a une personne âgée qui habite, donc une dame retraitée. Elle ne travaille plus mais elle a travaillé auparavant. Elle est plutôt petite, elle a des cheveux frisés, donc des cheveux blancs bien sûr. Elle porte des lunettes. Elle est toujours très bien habillée. Généralement, elle est très chic et elle aime beaucoup profiter du beau temps quand il fait beau dans le jardin. Elle a deux chats et souvent elle sort avec ses deux chats. Alors, ce qui est drôle, c'est que quand elle veut rentrer, elle doit toujours appeler ses chats pendant dix minutes et tout l'immeuble sait qu'elle est en train d'appeler ses chats parce qu'on l'entend de très loin. Et ensuite, ce qu'elle aime faire parce qu'elle aime parler, elle me raconte toujours ce qu'elle va faire. Elle aime regarder la télé très tard le soir parce qu'elle m'a dit que la nuit, il y a de meilleures émissions que la journée. Ensuite, j'ai une voisine en face de chez moi. C'est une jeune dame qui fait encore des études. Elle doit avoir 30 ans à peu près. Elle fait encore des études et elle est un tout petit plus petite que moi. Donc, elle reste toujours assez grande. Elle a un style plutôt décontracté. Elle porte souvent des jeans, des baskets et des T-shirts. Elle est très rigolote, elle est très drôle. Je l'aime bien. J'aime bien la croiser l'après-midi quand je sors ou quand je la vois. Ensuite, un troisième homme que je vois en face de moi est photographe. Il est plutôt grand. Il a des cheveux noirs et des yeux très clairs, donc bleus. Lui aussi, il a un style assez décontracté mais il est toujours très bien habillé. Il a souvent un pull bleu et une chemise. Il est timide, mais il est très poli. Je le vois de temps en temps, moins souvent que les autres.
Voilà, mais ce sont des gens très gentils.

Tâche 8 VACANCES EN PROVENCE(B1)

	accepté	pas accepté
0	*au mois de juillet*	
1	six mois 6 mois	6 ans
2	une chanson la chanson le pont d'Avignon le pont	
3	un festival de théâtre le festival d'Avignon	
4	Cannes la ville de Cannes	
5	les fleurs le parfum sa production de parfum	
6	faire du kayak faire du bateau	faire de la natation, nager, faire de la randonnée
7	les fruits de mer les crustacés les crabes les crevettes le poisson	
8	du Moyen Âge	très vieux

Manuscrit dactylographié ENREGISTREMENT 8 «VACANCES EN PROVENCE» (B1)

A: Salut Walter. Je voulais te poser une question. J'ai des amis qui vont arriver, des amis autrichiens qui vont arriver chez moi en France et j'aimerais bien leur faire visiter une région.
W: Tu habites où ?
A: J'habite à Saint-Etienne, donc c'est à côté de Lyon et j'aurais bien aimé leur faire visiter la Provence. Est-ce que tu penses que c'est une bonne idée ?
W: Ils viennent quand ?
A: Ils viennent en début d'été, en juillet.
W: C'est génial, il va faire très beau. La Provence c'est une bonne idée.
A: Est-ce qu'il va faire chaud, très chaud, tu penses que oui ?
W: Oui, c'est sûr, il fait très chaud en Provence. Il faut de la crème pour se protéger contre le soleil.
A: Ah oui. Mais généralement c'est une très belle région, quand-même.
W: C'est très agréable. J'adore. Moi, j'y ai vécu, j'ai habité là-bas pendant six mois à côté de Nice. Je connais un tout petit peu. Tu veux que je te donne des conseils.
A: Oui, ça me ferait très plaisir.
W: Super. Est-ce que ça t'intéresse de visiter des villes, par exemple ?
A: Oui, beaucoup.
W: Tu pourrais leur montrer, par exemple Avignon.
A: Ah, oui ben je connais, je connais la chanson.
W: Ah oui, c'est le pont d'Avignon, c'est sûr.
A: Et puis, qu'est-ce qu'il y a à Avignon ?
W: À Avignon, ben, en plus du pont, il y a aussi un festival du théâtre l'été.
A: Ah oui, c'est vrai. Mais, attends, c'est quand ? Parce que moi, ils viennent en juillet. C'est quand ce festival ?
W: Il faut regarder mais je pense que ce sera en même temps.
A: Ah oui, ça c'est une superbe idée, très, très bien.
W: Sinon, c'est dommage parce qu'il y a Cannes, c'est une très jolie ville aussi. Il y a le festival du film.
A: Ah oui, c'est vrai mais ça c'est plus tôt, c'est en mai. C'est passé.
W: Si j'étais vous, j'irais à Avignon, ça c'est sûr. Et puis, il y a une autre ville qui est peut-être moins connue, ça s'appelle Grasse, tu connais ?
A: Oui, avec le parfum.
W: Voilà.
A: C'est vrai. Il y a le parfum et il y a des fleurs, beaucoup de fleurs là-bas. Moi, j'adore ça.
W: Oui, c'est grâce au climat.
A: Sinon, au niveau des activités, qu'est-ce que je pourrais faire avec mes amis ?
W: Alors, on peut faire du sport. Vraiment, il y a plein de choix. Tu peux faire de la randonnée par exemple.
A: Oui, marcher, c'est vrai, ça peut-être une très bonne idée.
A: Moi, j'aime bien faire des choses en contact avec l'eau.
W: Oui, s'il fait trop chaud, c'est peut-être la meilleure idée. Tu peux faire du kayak dans les gorges du Verdon.
A: Ça, c'est génial, c'est une très bonne idée, parfait. Est-ce que je peux faire du bateau, tu penses qu'il y a des possibilités de louer un bateau ?
W: Bien sûr, il y a des trajets pour les touristes, ça c'est certain.
A: Et sinon, une autre question: Est-ce qu'il y a de bons restos là-bas ?
W: Ben, on est en France ! Il y a forcément plein de restaurants. Il faut aimer les fruits de mer par contre.

A: Ah oui, j'aime bien le poisson et puis j'aime bien tout ce qui et crustacés, crabes et tout ça et les crevettes, j'aime bien ça.
W: Il y a plein de spécialités à Nice. Il faudrait essayer par exemple le pesto.
A: Le pesto, ah oui, c'est une spécialité de là-bas?
W: Et puis, je ne sais pas si vous voulez faire des visites supplémentaires. Il y a plein de petits villages typiquement français qui sont bien préservés dans l'arrière-pays.
A: Ça veut dire qu'ils sont encore comme au Moyen Âge.
W: Oui, ils sont très vieux.
A: C'est vrai, oh là, là ça me plaît. Ça j'ai vraiment envie de le voir. Très bien.
W: Ça veut dire, bonnes vacances.
A: Merci.

Tâche 9 CONSEILS DE VACANCES(B1)

	accepté	pas accepté
0	*trop peu d'argent*	
1	le train	l'avion
2	un billet Interrail une carte Interrail	un train rapide
3	une auberge une auberge de jeunesse	une chambre avec six ou sept personnes un hôtel
4	une tente une toile de tente	
5	dangereux un peu dangereux	
6	agréables très agréables serviables	
7	la cuisine	
8	des sandwichs	

Manuscrit dactylographié ENREGISTREMENT 9 «CONSEILS DE VACANCES» (B1)

A: Walter, c'est bientôt les vacances là et franchement je ne sais pas quoi faire parce que j'aimerais vraiment partir. J'ai besoin de partir. J'aimerais bien partir à la mer, dans le sud de la France mais je n'ai pas d'argent. Et j'ai regardé les prix, c'est incroyable, c'est tellement cher, je peux pas me permettre ce voyage.
W: Ah, mais attends, si tu te renseignes un petit peu parce qu'il y a plein de choses, tu n'es pas obligée de prendre un avion qui coûte très cher. Il y a plein de solutions, tu peux prendre le train par exemple.
A: Oui, mais là il n'y a plus que trois semaines pour prendre un vol d'avion pas cher dans trois semaines ce n'est plus possible.
W: Non, tu peux prendre un train ou alors tu prends un vol de dernière minute, si tu veux. Par contre, là, tu n'auras pas le choix de la destination, ça va être un peu difficile.
A: D'accord. Le train, tu dis que c'est possible de trouver un train pour dans trois semaines?
W: Oui, oui sans problème. Il faut simplement que tu t'achètes une carte, ça s'appelle Interrail. Ça prend du temps parce que c'est pas des trains rapides mais tu peux arriver à Nice sans payer trop d'argent.
A: Ah oui, c'est une bonne idée, ça. Mais après, une fois que je serai à Nice, comment est-ce que je vais faire pour me loger? Les hôtels, c'est très cher aussi.
W: À Nice, c'est sûr, sur la Promenade des Anglais, il faut surtout pas aller là-bas, ça coûtera trop cher. Mais moi, quand j'ai visité Nice, il y a longtemps, j'ai dormi dans une auberge de jeunesse.
A: Ah oui, c'est vrai que c'est une bonne idée.
W: C'est vraiment pas cher. Il faut partager ta chambre avec six ou sept personnes.
A: Ah six ou sept personnes, quand même, ça fait beaucoup.
W: C'est pas très romantique. Sinon, moi, j'aime bien le camping.
A: Ah, mais ça c'est une bonne idée. En plus j'ai une tente, une toile de tente pour faire du camping, c'est une bonne idée. J'avais complètement oublié.
W: ... oui et puis à Nice il fait beau, tu ne seras pas mouillée tout le temps.
A: Ce sera l'été. Mais est-ce que c'est dangereux d être dans un camping?
W: Ah non, non, c'est toujours protégé. Et puis les gens sont très agréables dans les campings. Si tu as besoin d'aide, ils t'aident aussi, il n'y a pas de soucis.
A: Ah oui, on va m'aider, ça c'est bien. Bon, et puis pour tout ce qui est nourriture pour manger. Est-ce que tu penses que je vais trouver quelque chose qui ne soit pas trop cher non plus?
W: Oui, alors ça dépend si tu veux aller au restaurant tous les jours, mais si tu es sur un camping tu peux préparer ta cuisine toute seule.
A: Ah oui, je peux cuisiner dans un camping?
W: Mais bien sûr, et puis sinon tu peux t'acheter ces sandwichs, tu sais qu'à Nice c'est pas un problème.
A: Oui, c'est vrai, en plus j'aime bien ça les sandwichs. Mais tu m'auras bien aidé. Merci.
W: Bonnes vacances.

Tâche 10 LES FAST-FOODS(B1)

	accepté	pas accepté
0	*une fois par semaine*	
1	mauvais pour le corps mauvais pour la santé pas bon	
2	tous les soirs le soir	
3	de vitamines de bonne préparation d'équilibre	
4	à la cantine à l'école	
5	la glace les boissons sucrées le sucre que du sucre	
6	à la culture française au goût français	
7	pratique super pratique	
8	du gâteau d'un bon gâteau	

Manuscrit dactylographié ENREGISTREMENT 10 « LES FAST-FOODS » (B1)

W : Alice, tu sais, ma fille elle veut fêter ses 14 ans au fast-food.
A : Ah, oui, c'est vrai, oh là là. Elle a une drôle d'idée.
W : Ah non, je suis d'accord, ce n'est pas mal en fait.
A : C'est vrai ? OK et qui est-ce qu'elle va inviter ?
W : Bon, je ne sais pas, tous ses copains de l'école, ses copines.
A : Parce que moi, mon fils, il ne va jamais au fast-food. Il n'a pas le droit, non, non
W : Cela me choque.
A : Ça te choque ?
W : La mienne, elle y va une fois par semaine
A : C'est vrai, une fois par semaine ? Non, c'est pas possible. Moi, je trouve que c'est pas du tout de la nourriture saine. C'est pas du tout bon pour le corps.
W : Si on en abuse mais moi je trouve que c'est important ! Par exemple, ma fille, elle est obligée de manger avec nous tous les soirs et elle a un budget pour aller au fast-food. Eh ben, je ne lui donne pas plus d'argent si elle veut manger plus souvent au fast-food. C'est pas possible.
A : D'accord. Mais elle y va quand même une fois par semaine !
W : Oui.
A : Parce que les sandwichs, les menus que les fast-foods proposent sont généralement très mauvais, c'est de la mauvaise préparation, il n'y a pas beaucoup de vitamines.
W : Oui, je sais, c'est pas équilibré, c'est ça.
A : Oui, voilà, c'est ça, exacte.
W : Oui, mais tu sais à l'école, c'est équilibré la nourriture à la cantine mais ma fille elle ne mange que la moitié de son plateau.
A : Oui, parce qu'elle n'aime pas ?
W : Bon, parce que c'est difficile quand on est adolescent.
A : C'est vrai, moi je ne contrôle pas ce que mon fils mange à la cantine mais en même temps, je sais que si il allait au fast-food, il ne mangerait que des glaces et puis boirait que des boissons sucrées et je sais qu'à la fin, il n'aurait mangé que du sucre, finalement.
W : Ah oui, je pense que là on peut les éduquer aussi parce que des fois il y a du choix. On n'est pas obligé de prendre toujours quelque chose de gras et de sucré. Il y a plein d'options de plus en plus. C'est devenu moderne en fait. Ils sont adaptés à la culture française.
A : Tu crois ? C'est vrai que ça fait longtemps que je n'y suis pas allée donc je ne sais pas mais je pense que c'est quand même la solution de facilité.
W : Pour l'anniversaire, en tous les cas, je peux t'assurer que c'est super pratique. Ils organisent tout. Toute la nourriture sera là. Il y aura même un super gros gâteau. Moi, je suis content qu'elle ait choisi d'aller là-bas.
A : Bon, ben, je vais y réfléchir et puis peut-être que pour une fois par an, ça irait.
W : Une fois par an !

LA LANGUE DANS SON CONTEXTE

Tâche 1 LETTRE D'UNE CORRESPONDANTE CANADIENNE(B1)

0	A ☐	B ☐	C ☒	D ☐
1	A ☒	B ☐	C ☐	D ☐
2	A ☐	B ☒	C ☐	D ☐
3	A ☒	B ☐	C ☐	D ☐
4	A ☐	B ☒	C ☐	D ☐
5	A ☐	B ☒	C ☐	D ☐
6	A ☒	B ☐	C ☐	D ☐
7	A ☐	B ☒	C ☐	D ☐
8	A ☐	B ☒	C ☐	D ☐
9	A ☐	B ☒	C ☐	D ☐
10	A ☒	B ☐	C ☐	D ☐
11	A ☒	B ☐	C ☐	D ☐
12	A ☐	B ☐	C ☒	D ☐
13	A ☒	B ☐	C ☐	D ☐
14	A ☐	B ☒	C ☐	D ☐

Tâche 2 SOUVENIRS D'ENFANCE(B2)

0	A ☐	B ☐	C ☒	D ☐
1	A ☒	B ☐	C ☐	D ☐
2	A ☐	B ☐	C ☒	D ☐
3	A ☒	B ☐	C ☐	D ☐
4	A ☐	B ☒	C ☐	D ☐
5	A ☐	B ☐	C ☒	D ☐
6	A ☐	B ☐	C ☐	D ☒
7	A ☐	B ☐	C ☒	D ☐
8	A ☒	B ☐	C ☐	D ☐
9	A ☒	B ☐	C ☐	D ☐
10	A ☐	B ☒	C ☐	D ☐

Tâche 3 LA FÊTE DU CITRON(B1)

0	*appelée*
1	incomparables
2	tous
3	durant
4	producteur
5	proposent
6	passer
7	font
8	exposition
9	tellement
10	ayant
11	fixés
12	cette

Tâche 4 LA DOMOTIQUE(B2)

0	*vraiment*
1	éclaire
2	permettant
3	intégrés
4	gérer
5	habitat
6	préalablement
7	véhiculées
8	permettent
9	programmateur
10	réveil

Tâche 5 LE SÉNÉGAL, UN PAYS FRANCOPHONE ? (B1)

0	✓
00	*en*
1	rarement
2	✓
3	ce
4	les
5	ici
6	autant
7	✓
8	des
9	sa
10	✓
11	de
12	autour
13	ils
14	✓

Le territoire sénégalais est couvert par au moins une vingtaine de (0)
langues africaines. Elles **en** servent à la communication quotidienne de (00)
communautés linguistiques dont la taille démographique est **rarement** (1)
variable. De ces langues de communication intra-ethnique a émergé (2)
le wolof **ce** qui est ainsi retenu comme langue nationale et (3)
langue d'alphabétisation, à côté de cinq **les** autres langues. (4)

Toutes ces langues nationales n'ont pas **ici** le même dynamisme sur (5)
l'étendue du territoire national. Certaines sont **autant** d'un usage (6)
majoritaire, soit dans une localité, soit dans une région. (7)
Seule la langue **des** wolof couvre au moins 80 % du (8)
territoire national comme **sa** première ou deuxième langue de (9)
communication. Les six langues nationales reconnues par le (10)
décret N° 71 565 du 21 mai **de** 1971 sont représentées dans la (11)
région de Dakar et **autour** surtout dans le chef-lieu de région. (12)
Dakar est devenu une véritable ville carrefour où **ils** (13)
convergent toutes les communautés linguistiques. (14)

Tâche 6 EMPLOI EN SUISSE(B2)

0	✓
00	*est*
1	une
2	assez
3	que
4	les
5	de
6	y
7	✓
8	un
9	encore
10	✓
11	la
12	très
13	✓

Où chercher et que faire pour trouver un emploi en Suisse ? Pour vous (0)
guider, voici **est** un aperçu rapide de ce qu'il faut savoir avant de commencer, (00)
sous **une** forme de conseils pour travailler en Suisse. Pour que vos recherches (1)
d'emploi en Suisse se fassent **assez** dans de bonnes conditions et que vous (2)
ne commettiez pas trop d'erreurs, **que** nous vous proposons une (3)
méthodologie pour démarrer et des liens vers d'autres ressources et **les** (4)
conseils utiles. Lorsqu'un candidat souhaite **de** trouver un emploi en Suisse (5)
et qu'il **y** débute sa recherche d'emploi, la tentation est grande d'écrire à un (6)
maximum d'entreprises. Nous vous recommandons de ne pas vous (7)
précipiter, et tout particulièrement si vous êtes **un** étranger (8)
et que vous n'avez jamais **encore** postulé et/ou travaillé en Suisse : (9)
la recherche d'emploi en Suisse est une question d'information, (10)
de bon sens, d'organisation mais aussi de **la** chance. S'informer est (11)
donc une démarche **très** primordiale car ce qui est vrai dans votre (12)
pays d'origine ne l'est pas forcément en Suisse. (13)

Tâche 7 MON STAGE (B1)

A	en participant (12)	F	pour faire connaître (4)	~~K~~	*toujours (0)*
B	en grande partie (2)	G	pour mon CV (9)	L	plus de temps (11)
C	en équipe (10)	H	pour fêter (3)	M	très loin (8)
D	à la fois (1)	I	qui (7)	N	ce qui (6)
E	très près D – Distracteur	J	temps (5)	O	en travaillant D – Distracteur

Mon stage chez LA SOCIÉTÉ GÉNÉRALE

Je m'appelle Marie-Christine et je suis en stage à la Société Générale depuis 3 mois. Mes devoirs ont **toujours** été très variés. Ils regroupent **à la fois** le marketing, l'événementiel, la communication et le secteur bancaire. Je m'occupe **en grande partie** de l'organisation d'événements qui se déroulent au sein du groupe: conventions, inaugurations, soirées. Je participe également à l'organisation des partenariats avec les associations d'écoles. Les tâches sont de préparer des cocktails **pour fêter** la signature de nouveaux partenariats. Il faut organiser des visites dans les écoles **pour faire connaître** les avantages de la Société Générale auprès des étudiants. Généralement le stage est très intéressant et je n'ai jamais le **temps** de m'ennuyer.

Le travail d'équipe est très important. Le service Marketing de la Société Générale est composé de 6 personnes, **ce qui** est peu face à la charge de travail. L'entraide et la communication sont donc essentiels. Il faut aussi être capable de s'adapter vite à un environnement **qui** nous est inconnu, le secteur bancaire est **très loin** du marketing appris en cours.

L'expérience est toujours un plus dans la recherche d'emploi. Depuis le commencement de mes études supérieures j'ai effectué cinq stages dans différents domaines et différents pays. Je pense que ce dernier stage est un véritable atout **pour mon CV**. L'entreprise est internationale, le travail est **en équipe** et les tâches sont enrichissantes. De plus c'est un moyen supplémentaire d'acquérir des contacts qui me seront certainement utiles dans ma future recherche d'emploi.

La recherche de stage est un travail assez compliqué et elle demande beaucoup de temps. Ce qui m'a pris le **plus de temps** a été d'adapter ma lettre de motivation à chaque entreprise, de créer un CV qui sort du commun et de trouver la bonne personne à contacter dans l'entreprise. J'ai finalement trouvé mon stage **en participant** au forum Emploi Jeune organisé par la Société Générale. C'est un bon moyen d'avoir un contact direct avec des entreprises qui recrutent.

texte adapté
328 mots

Quelle http://mcs.iseg.fr/blogs/assets_c/2015/02/camille%20murat-visuel-62303.html

Tâche 8 JEUNE ENTREPRENEUR(B2)

A	pour moi (7)	G	qui (9)	M	financièrement (8)
B	spécifiquement (4)	H	ce qui (1)	N	chez moi (3)
C	rapidement (13)	I	simplement (12)	O	financière (14)
D	ce que (10)	J	afin de (2)	P	à la fin (5)
E	au moment de (6)	K	*dans la conception (0)*	Q	dans la fabrication D – Distracteur
F	que (11)	L	avant D – Distracteur		

Vocabulaire:
le numéro SIRET – die im Handelsregister eingetragene Nummer
le référencement d'un site web – die Referenzierung, der Verweis
SARL – société à responsablitié limitée – GesmbH
le défi – die Herausforderung

Récit de l'expérience d'un jeune entrepreneur
Je m'appelle Alexandre Chombeau, j'ai 21 ans et je suis directeur général de l'agence web C.S.V. C'est une agence spécialisée **dans la conception** de sites internet optimisés. J'ai créé ma première entreprise en tant qu'auto-entrepreneur en 2009. J'avais alors 18 ans. Elle s'appelait Création-site-vitrine, un nom pas vraiment original. Ce n'était pas important pour moi: **ce qui** comptait, c'était l'obtention d'un numéro de SIRET. Ce numéro est important **afin de** pouvoir en toute légalité émettre des factures à destination des professionnels.

À l'époque, je travaillais le soir **chez moi** après le lycée sur la création de sites internet. Je travaillais alors plus **spécifiquement** sur leur référencement. J'ai continué ainsi à l'université, mais **à la fin** de ma dernière année de fac j'ai pris le risque de constituer une SARL unipersonnelle: le 6 septembre 2011, l'Agence CSV était créée et avait sa raison sociale. J'avais 20 ans.

Être jeune **au moment de** la création de son entreprise, c'est un défi qui va au-delà du domaine professionnel. Franchement **pour moi** c'était au départ bien plus un défi personnel. J'ai toujours aimé les défis et je voulais en relever un de taille: être indépendant **financièrement** et ne pas dépendre d'un supérieur, afin de pouvoir gérer mon temps professionnel et personnel de la meilleure façon possible.

Qu'est-ce **qui** m'a poussé à me fixer cet objectif? J'habite à Lille et j'ai toujours rêvé de voyager, de découvrir le monde, et surtout de pouvoir faire **ce que** je veux, quand je veux. Si je souhaite aller vivre à Paris, à New York ou à Moscou, je souhaitais **que** rien ne puisse m'en empêcher. Si vous êtes jeunes et que vous souhaitez créer votre propre entreprise, je vous conseille d'ancrer cela dans un projet de vie personnelle plutôt que **simplement** dans le fait de vouloir être chef d'entreprise parce que ça fait bien.

Je suis loin d'être un admirateur du système capitaliste, mais aujourd'hui c'est comme ça et puis c'est tout, il faut s'y faire et **rapidement**: la santé d'une entreprise est avant tout **financière**. Afin de faire tourner votre entreprise, le but numéro 1 est d'avoir des objectifs financiers.

texte adapté

Quelle: http://www.journaldunet.com/management/expert/52853/les-5-points-cles-pour-creer-son-entreprise-quand-on-a-18-ans.shtml

Tâche 9 LA NOUVELLE-CALÉDONIE (B1)

	accepté	pas accepté
0	*par*	
1	nom	
2	depuis, de	à
3	en	à
4	parmi entre	
5	y	ici
6	avec	
7	toute	tout
8	moyenne	moyen minimale maximale
9	long	
10	pour	
11	bord	
12	dans	

La Nouvelle Calédonie

À seulement 1.500 kilomètres à l'est des côtes australiennes, se trouve la troisième plus grande île du Pacifique après la Papouasie Nouvelle-Guinée et la Nouvelle-Zélande: la Nouvelle-Calédonie. Elle a été découverte en 1774 **par** le navigateur britannique James Cook, qui a baptisé ce pays la « New-Caledonia » en raison de la ressemblance entre le relief montagneux de la Grande Terre et son Ecosse natale.

C'est le 24 septembre 1853 que l'amiral Février-Despointes prend possession de l'île au **nom** de la France, la Grande Bretagne l'ayant délaissée. La Nouvelle-Calédonie est française **depuis** cette date. La ville de Nouméa, aujourd'hui capitale de l'archipel, sera créée 1854.

Une grande partie du lagon (15000 km²) est classée au patrimoine mondial de l'UNESCO et les fonds marins calédoniens figurent **parmi** les plus beaux du monde. On peut **y** admirer des centaines d'espèces animales et une flore tout aussi extraordinaire.

Les plages de sable blanc à Lifou, Ouvéa et l'Île des Pins rivalisent de beauté **avec** les plus célèbres plages du monde. En Nouvelle-Calédonie, il fait beau **toute** l'année. L'archipel jouit d'un climat très doux avec une température **moyenne** annuelle de 25°C.

Nouméa, ville capitale de la Nouvelle Calédonie est bordée par l'océan. De nombreuses baies s'étirent le **long** de la ville, offrant des plages et des points de vues magnifiques. Outre ses atouts naturels, Nouméa est une destination idéale **pour** les touristes qui choisissent y séjourner.

La ville de près de 100 000 habitants offre beaucoup d'activités. Située au **bord** de la mer, on y pratique des sports outdoor toute l'année. C'est aussi une ville joyeuse avec plusieurs bars, discothèques et deux casinos pour des soirées festives après – pourquoi pas – une journée de shopping **dans** les différentes boutiques du centre-ville et de l'Anse Vata. Trois « adresses » incontournables: la rue de l'Alma, la rue de Sébastopol et la Promenade.

Texte adapté
307 mots

Quelle: http://www.nouvellecaledonie.travel/fr/climat-meteo

Tâche 10 LA FRANCOPHONIE(B2)

	accepté	pas accepté
0	*derrière*	
1	perdu	
2	plus	
3	doit	réfère
4	dans	en
5	par	
6	selon	
7	grâce	
8	après	au bout de
9	donc	alors
10	temps	

Le français serait au 3e rang des langues les plus parlées au monde

Selon une nouvelle étude de l'Institut européen d'administration des affaires, le français serait la troisième langue des affaires dans le monde. Il arriverait ainsi **derrière** l'anglais et le mandarin, respectivement à la première et deuxième place du classement.

Qui a dit que le français avait **perdu** son importance à l'étranger? D'après une étude publiée par l'école de commerce de l'INSEAD, le rayonnement de la langue de Molière la classerait au troisième rang des langues les **plus** parlées dans le monde. Une place due à son influence culturelle et à sa force économique.

Avec près de 275 millions de locuteurs dans le monde, le français peut s'honorer d'accueillir toujours davantage de francophones **dans** ses rangs. Un chiffre en constante augmentation, notamment porté **par** l'Afrique subsaharienne, précise le rapport de l'Organisation Internationale de la Francophonie OIF.

Aussi n'est-il pas étonnant que le français parvienne à s'élever **selon** Kai Chan, l'auteur de l'étude, parmi les langues les plus représentées dans le secteur économique. La langue se diffuse tant **grâce** à l'attractivité de l'Hexagone et de son image prestigieuse à l'international.

S'il a été «difficile à l'origine, de trouver une méthode pour mesurer les langues», a expliqué Kai Chan au Huffington québécois, **après** six mois de travaux, il est néanmoins parvenu à élaborer un classement assez strict.

Le français arrive **donc** en troisième place, derrière l'anglais (1er) et le mandarin (2e), des langues les plus utilisées dans le domaine des affaires. Une position avantageuse qui devrait néanmoins regresser à l'horizon 2050. D'ici là, le français a encore le **temps** de briller à l'étranger. En 2015, il se classait au deuxième rang des langues les plus enseignées dans le monde, avec 125 millions d'élèves et à la quatrième place des langues les plus présentes sur internet.

303 mots
Par Alice Develey Mis à jour le 25/12/2016 à 11:14 Publié le 25/12/2016 à 06:00

http://www.lefigaro.fr/langue-francaise/actu-des-mots/2016/12/25/37002-20161225ARTFIG00001-le-francais-se-hisserait-au-3e-rang-des-langues-les-plus-parlees-au-monde.php

PRODUCTION ÉCRITE

Tâche 1 bis Tâche 17: Individuelle Lösungen

Lösung zu den Fragen Seite 86:

1. Ja, Absätze sind gut erkennbar, Überschrift und Unterüberschriften sind vorhanden.
2. Nein, besonders der 3. Bullet Point ist deutlich kürzer.
3. Nur fast durchgehend; zum Schluss gleicht der Text eher einem E-Mail, vor allem der letzte Satz des dritten Absatzes und der abschließende Satz sind für die Textsorte *dépliant* nicht passend.
4. Ja, man weiß sofort, worum es in diesem Absatz gehen wird, aber die Formulierung könnte noch treffender sein, z.B. *« Profitez de nos conditions de vente exceptionnelles »* statt *« Les conditions de vente »*.
5. Nicht alle. Weniger interessant sind z.B. Anzahl der einzelnen Arbeiter, Angestellten und Führungskräfte. Man könnte stattdessen über die Vorzüge der Mitarbeiter schreiben: *Notre personnel est non seulement compétent et bien qualifié mais aussi prêt à vous rendre service à tout moment.*
   Beim letzten Absatz fehlen interessante Ideen/Beispiele, z. B. könnte man Sonderkonditionen gewähren innerhalb einer bestimmten Frist: *Si vous commandez sous huitaine, nous vous accorderons une remise de 5 %.* Oder: *Commandez dès maintenant et profitez d'une réduction de prix de 5 %.*
6. Nein, nur indirekt. Mögliche Beispiele für eine direkte Anrede im zweiten Absatz: *Vous ferez vos transactions bancaires en ligne en quelques clics. Communiquez avec vos amis via Skye ou Facebook.*
7. Nein. Man könnte z. B. im letzten Absatz **erstens** vom Preis, **zweitens** von den Lieferbedingungen und **drittens** von den Zahlungsbedingungen sprechen
8. *La innovation **flambant neuf** – le WiFi ordinateur portable*

Notre entreprise
L'entreprise ELEQU est une entreprise très grande. La société **a été créée en** 1956. **A l'origine, c'était** une société familiale. Nous **sommes une PME** et la forme juridique est une SARL. Nous **avons plusieurs succursales et trois emplacements** : un siège social et deux unités de production. **Le siège social se trouve en** Bas Autriche. **Notre métier est** la production et la commercialisation des articles électroniques. **Nos effectifs s'élèvent à** 130 personnes **dont** 80 ouvriers, 40 employées et 10 cadres.

Notre nouvelle innovation
Nous vous présentons avec plaisir notre nouveau produit « WiFi ordinateur portable ». **Avec sa résolution particulièrement haute il est l'appareil idéal pour** le jour et le nuit. Notre nouvelle innovation **est équipée** avec **de** technologie d'avenir. Vous pouvez **faire des transactions bancaires en ligne, communique avec** vos amis via Skype ou Facebook et **écrire plus vite grâce au** programme Word.

Les conditions de vente
Le prix est € 665,83. Notre produit a **beaucoup d'avantages comme une garantie de** 2 années. En plus, **nous pouvons vous assurer une livraison immédiate**. Aussi nous avons l'intention de vous accorder un rabais.

Nous espérons reprendre nos affaires avec vous.

9. **L'i**nnovation flambant neuf – **l'**ordinateur portable **WiFi**

Notre entreprise
L'entreprise ELEQU est une entreprise très grande. La société a été créée en 1956. A l'origine, c'était une société familiale. Nous sommes une PME et la forme juridique est une SARL. Nous avons plusieurs succursales et trois emplacements : un siège social et deux unités de production. Le siège social se trouve en **Basse** Autriche. Notre métier est la production et la commercialisation des articles électroniques. Nos effectifs s'élèvent à 130 personnes dont 80 ouvriers, 40 employées et 10 cadres.

Notre *vraie* innovation
Nous vous présentons avec plaisir notre nouveau produit « ordinateur portable **WiFi** ». Avec sa résolution particulièrement haute il est l'appareil idéal pour le jour et **la** nuit. Notre **vraie** innovation est équipée **de la** technologie d'avenir. Vous pouvez faire des transactions bancaires en ligne, communiquer avec vos amis via Skype ou Facebook et écrire plus vite grâce au programme Word.

Les conditions de vente
Le prix est **de** € 665,83. Notre produit a beaucoup d'avantages comme une garantie de 2 années. En plus, nous pouvons vous assurer une livraison immédiate. Aussi nous avons l'intention de vous accorder un rabais.

Nous espérons reprendre nos affaires avec vous.

VOCABULAIRE EN CONTEXTE

Tâche 1

Marisa a acheté un ordinateur portable qui a été *customisé* par un styliste. Cet ordinateur portable est compact et léger (1,22 kg) et intègre la technologie la plus moderne.

Philippe travaille sur un ordinateur portable qui *ne manque pas* d'atouts: un poids léger, un clavier large et ergonomique, *un pavé tactile* qui permet de *zoomer* et d'effectuer des rotations.

Véronique voudrait avoir un ordinateur portable performant et très élégant. Léger, *doté* d'un écran de 10,1 pouces et ayant *une autonomie* de 6 à 8 heures. Il devrait facilement *se glisser* dans son sac.

Moi, j'ai un ordinateur portable qui *offre* un très bon rapport qualité-prix, car ce produit *dispose* non seulement d'une webcam intégrée, mais aussi d'un disque dur de 160 giga-octets ... Et tout ça en restant ultraléger (1,02 kg). Ainsi, je peux *l'emporter* partout.

Tâche 2

on peut les emporter partout	+	on les utilise en conduisant sans kit mains-libres	-
on est joignable à tout moment	+/-	on peut utiliser Internet/des applications	+
on s'en sert dans les moyens de transport publics	-	on peut apprendre à l'aide d'un smartphone	+
on les utilise à table/au restaurant	-	on peut prendre de belles photos	+
on peut faire de petites vidéos	+	on peut appeler du secours	+
on communique de moins en moins directement	-	on se sent plus sûr, -e	+
on se balade les écouteurs dans les oreilles	-	on peut contacter ses enfants	+
on peut jouer sur un smartphone	+	on peut savoir où on est grâce à GoogleMaps	+

Tâche 3

A)

1b	2f	3d	4i	5h	6a	7c	8g	9e

B)

1b	2i	3f	4a	5d/e	6g	7h	8c	9e/d

Tâche 4

positif	neutre	négatif
attrayant, -e pur, -e pittoresque sûr, -e spacieux, -se paisible magnifique clair, -e	rural, -e urbain, -e habitable animé, -e calme	sale surpeuplé, -e bruyant, -e pollué, -e sombre dépeuplé, -e agité, -e

Tâche 5

Au petit déjeuner, on ne devrait pas manger des pâtisseries, mais on devrait se préparer plutôt **une salade de fruits** avec des oranges, des bananes, des pommes. Au lieu d'une baguette, on pourrait se faire une tartine avec une tranche de **pain de blé complet**. Une bonne tasse de café ne doit pas manquer, mais on pourrait finir le petit déjeuner avec un **verre d'eau**.

Le midi, c'est préférable de ne pas manger sur le pouce, mais de prendre son temps. Même si on travaille, on peut choisir **une soupe** ou une salade avec **de la viande grillée** au lieu d'un hamburger chez McDo. Au lieu d'un coca il vaut mieux choisir **un jus de fruits** sans sucre.

Le soir, au dîner, prenez **des crudités** comme entrée, de la viande avec **des pommes de terre** ou des légumes comme plat principal et **un yaourt** en dessert. Finissez le repas avec un morceau **de fromage**.

Tâche 6

Comment peut-on **mener** une vie saine ? C'est une question que beaucoup de personnes se posent. Est-ce essentiel de **consulter** régulièrement un médecin ou est-ce qu'il suffit de bien **organiser** ses activités quotidiennes / ses journées ? Ce qui est évident c'est que les gens qui **dorment** paisiblement et suffisamment sont plus résistants au stress. Ils sont plus dynamiques et **gèrent** mieux le stress sur le lieu de travail.

S'ils sont **harcelés** par des collègues ce qui arrive rarement, ils réagissent d'une manière calme. Pendant leur temps libre, ils **bougent** régulièrement, mais ils n'exagèrent pas.

Ils ne mangent pas trop et **contrôlent** leur poids corporel, mais ne **suivent** pas de régime. Pourtant, ils essaient de **réduire** la consommation de matières grasses et d'alcool.

Tâche 7

☐ faire
☒ étudier pour
☐ effectuer
☒ réussir (à)
☒ participer à
☐ reprendre
☐ régler
☒ se présenter à

un examen

☒ passer
☐ apprendre
☒ se préparer à
☒ échouer à
☐ prendre
☐ préparer
☒ travailler pour
☐ démarrer

un examen

Tâche 8

Des élèves vont à l'école
suivent / ~~**font**~~ un cours
~~**montent**~~ / **passent** dans la classe supérieure
font / ~~**paient**~~ attention
arrivent / ~~**viennent**~~ en retard
~~**ont**~~ / **sont** à l'heure
apprennent / ~~**travaillent**~~ par coeur
copient des textes **sur le** / ~~**du**~~ voisin
~~**trompent**~~ / **trichent** lors d'une interrogation
bavardent ~~**dans la**~~ / **en** classe
~~**refont**~~ / **redoublent** une classe
sont exclus **des cours** / ~~**de l'école**~~

Tâche 9

Mögliche Lösungen:
Des professeurs préparent les cours, **cherchent des textes intéressants pour la lecture, donnent des devoirs à faire, corrigent des copies, s'occupent de leurs élèves, organisent des excursions, discutent avec les élèves, montrent des vidéos sur YouTube, résolvent des problèmes en mathématiques, font des expériences, ...**

Tâche 10

Wenn du dich gewundert hast, welche Eigenschaften du nicht ankreuzen sollst, dann warst du auf der richtigen Spur. Denn welche Eigenschaften gesucht werden, hängt vom Beruf/von der Arbeit ab, die geleistet werden soll. Alle genannten Eigenschaften könnten jene sein, die von Arbeitgebern gesucht werden.

Tâche 11

la sécurité de l'emploi	+	une bonne ambiance	+
trop de stress	-	un travail monotone	-
la possibilité de faire carrière	+	un poste mal payé	-
des heures supplémentaires non rémunérées	-	une tension (psychique) forte	-
des tâches variées	+	un supérieur compréhensif	+
des heures de travail souples	+	travailler le week-end	-
manque de formation continue	-	changement de personnel fréquent	-
des semaines de congés prescrites / une fermeture annuelle de l'entreprise	-	une organisation hiérarchique trop stricte	-

Tâche 12

on travaille exclusivement à l'ordinateur	-	ce qui compte c'est le résultat	+
on peut organiser librement son temps	+	on ne doit pas faire la navette	+
il faut être discipliné, -e	-	on évite les embouteillages	+
on travaille de manière autonome	+	moins de contacts sociaux	-
on travaille seul, -e	+/-	pas de contrôle direct par les supérieurs	+
communication personnelle avec des collègues impossible	-	c'est difficile de séparer le temps libre du travail / ... tracer une ligne entre travail et temps libre	-
ce n'est pas le temps passé au bureau qui compte	-/+	il ne faut pas quitter la maison	+
on gagne du temps	+	il ne faut pas porter de vêtements chic	+/-

Manche Aussagen können je nach Persönlichkeit positiv oder auch negativ gesehen werden.

Tâche 13

Marie-Laure raconte : J'ai passé quinze jours sur la Côte d'Azur. Là, j'ai visité une **exposition** dans le musée d'art moderne, c'était vraiment super, même **fantastique** ! Un jour, je suis allée voir un film dans un cinéma à Cannes. Les acteurs étaient **mauvais** et le film **ennuyeux**, alors je suis partie avant la fin ! Ce qui m'a plu, c'était la Fête de la Musique. Là, tout le monde peut **jouer** d'un **instrument** de musique dans la rue. Il y a de petits **orchestres** partout. C'est **amusant** ! J'ai **chanté et dansé** toute la nuit. Le lendemain, je me suis **reposée**.

Tâche 14

Marc travaille comme responsable marketing. **Il gagne** bien sa vie, mais **il dépense** plus qu'il ne gagne.

Sylvie est étudiante et elle **manque** souvent d'argent. Quand **elle reçoit** de l'argent en cadeau de ses grands-parents, elle l'**épargne** pour pouvoir louer un studio.

Paul et son frère sont des adeptes du commerce en ligne. Alors, **ils règlent** leurs dépenses par carte de crédit.

Nous avons emprunté de l'argent à la banque il y a deux ans. **Nous** en **remboursons** 150 euros chaque mois.

À l'aide d'une carte bancaire **on peut consulter** son compte et **retirer** de l'argent 7 jours sur 7 et 24 heures sur 24.

Si vous recevez cette prime, **vous aurez** assez d'argent pour faire ce voyage.

Tâche 15

1.	2.	3.	4.	5.	6.	7.
G	E	F	B	A	D	C

Tâche 16

Les Européens ont malheureusement tendance à **être découragés** d'apprendre une autre langue. Pas mal d'entre eux pensent qu'ils **ne sont pas doués** pour les langues. Cela explique aussi leur **manque de motivation**. En plus, beaucoup de personnes disent qu'ils **manquent de temps** pour apprendre une autre langue et que les cours **coûtent trop cher**. D'autres facteurs importants sont les **méthodes ennuyeuses** et le **matériel inadapté** ainsi que le manque d'occasion de lire et d'entendre cette langue **dans les médias**.

Tâche 17

Pour la population européenne, la **langue maternelle** la plus parlée est l'allemand. Leur langue maternelle est presque toujours une des **langues officielles** du pays où ils résident. Plus de la moitié des Européens parlent au moins une **langue étrangère**. Les habitants du Luxembourg sont pour la plupart **multilingues**. Parmi les pays où les gens parlent le moins de langues sont **la Hongrie et le Royaume-Uni**. Les deux langues étrangères les plus parlées restent **l'anglais et le français**. La majorité des personnes qui parlent ces langues estiment que leurs capacités linguistiques dépassent le **niveau élémentaire**. Ainsi, 44 % des personnes affirment **être capables** de suivre les nouvelles à la télé ou à la radio.

RÉVISION DE GRAMMAIRE EN CONTEXTE

Exercice 1:
Quand **j'étais** petit, je **jouais** souvent avec mon ami Pierre. Tous les jours, nous **faisions** du football. Le matin, nous **allions** au jardin d'enfant, mais l'après-midi, nous **nous retrouvions** souvent chez moi. Quand nous **ne jouions pas** au foot, nous **regardions** la télé et nous **mangions** des chips. Moi, je **buvais** toujours du coca avec, mais Pierre **préférait** la limonade. Vers dix-sept heures, Pierre **rentrait** et moi, je **restais** dans ma chambre.

Mögliche Sätze: J'aimais jouer avec lui. C'était super. Pierre jouait mieux que moi. Quand nous ne jouions pas au foot parce qu'il pleuvait, nous ... J'avais l'impression que mon ami ne voulait pas rentrer si tôt. Moi aussi, j'étais toujours un peu triste.

Exercice 2:
La semaine dernière, **je suis partie** en mission à Paris. **J'ai pris** l'avion de Toulouse avec mon collègue Hugues. Quand nous **sommes arrivés** à Paris, il **faisait** un vent fou et il **pleuvait** à torrents. Mon collègue et moi, nous **nous sommes dépêchés** vers la station de métro. Le métro **était** bondé et **je me sentais** mal à l'aise. Quand **nous sommes descendus** à la station Nation, **nous étions** heureux de pouvoir quitter le métro tellement **c'était** désagréable. Comme le lieu de notre rencontre **était** tout près, nous **sommes allés** à pied quand même.

Exercice 3:
Hier, nous **voulions** faire les courses pour la fête de samedi soir. Alors, nous **sommes allés** au supermarché en voiture. Nous **étions** de bonne humeur et nous **nous réjouissions** déjà de la fête. Nous **sommes entrés** dans le supermarché avec un grand caddie pour nos achats. Heureusement, il y **avait** peu de monde. Nous **avons acheté** de la viande pour le barbecue et **avons pris** différentes sauces parce qu'elles **étaient** en promotion. Au rayon des boissons, nous **avons hésité** parce qu'il **n'y avait pas** le vin recherché. Nous **nous sommes adressés** à un employé, mais le stock **était** épuisé. Nous **avons continué** nos achats sans autre mauvaise surprise. Notre caddie **était** plein, et à la caisse, nous **avons mis** tous nos achats sur la bande transporteuse. Mais quand nous **avons inséré** notre carte bleue dans le terminal de paiement aux cartes, celui-ci **n'a pas fonctionné**. Imaginez ça!

Exercice 4:
Hier j'ai retrouvé ma montre que **j'avais perdue** il y a un mois.
Papa a réparé la lampe qu'**il avait cassée** lui-même.
Les élèves devaient refaire le devoir parce qu'**ils l'avaient mal fait**.
Pierre s'est trompé de rue parce qu'**il n'avait pas regardé** le plan.
Monsieur Durand a perdu son poste. Il **n'avait pas travaillé** assez soigneusement.
Je me suis présenté une deuxième fois à cet examen puisque **j'avais raté** le premier examen.
Nous avons repris l'autoroute. **Nous l'avions quittée** trop tôt.
Elle n'est pas venue. Elle **avait oublié** notre rendez-vous.

Exercice 5:
L'autre jour, **je n'ai pas pu** rentrer chez moi parce que **j'avais oublié** mes clés dans le bureau. Alors, **je suis retournée** au bureau pour aller les chercher. Mais ma collègue **avait emporté** mes clés dans son sac. **Je me suis mise** en route vers l'appartement de ma collègue. Quand **j'ai sonné** à sa porte, son mari **l'a ouverte**. Mais ma collègue **n'était pas encore rentrée**. Elle voulait d'abord m'apporter les clés. ☺

Exercice 6:
Hier, **j'ai vu** Pierre. Je **ne l'avais pas vu** depuis longtemps. Nous **étions** tous les deux ravis de nous revoir. Alors, nous **sommes allés** dans un café pour bavarder un peu. Heureusement, nous **avions** le temps tous les deux. Pierre **travaille** maintenant chez AQUATEC parce que le travail chez NOQUITEC **ne lui plaisait plus**. Il **avait aussi déménagé** dans un appartement plus grand avant de changer de poste. Il **s'est marié** en été et sa femme et lui, ils **attendent** leur premier bébé dans deux mois. J'**étais** surpris d'apprendre cela parce que Pierre **ne voulait jamais** se marier. Mais il **a changé** complètement. Maintenant il **est** beaucoup plus sérieux qu'autrefois.

Exercise 7 (Mögliche Lösungen):
Pour moi, il est important de trouver un travail intéressant, mais devenir riche n'est pas important pour moi.
Pour moi, il est important de me faire des amis mais me marier n'est pas important pour moi.
Pour moi, il est très important d'avoir une maison, mais voyager est peu important pour moi.
Pour moi, il est très important d'être content/e, mais prendre des responsabilités est peu important pour moi.

Exercice 8:
Pourquoi est-ce que tu ne viendras pas? J'**aimerais** bien venir, mais **je ne dois pas** manquer à l'école.
Pourquoi est-ce que vous n'avez pas fait le devoir? Nous étions malades, c'est pourquoi nous **ne pouvions pas** le faire.
Je n'ai pas compris les instructions, alors je **ne savais pas** finir le travail. Mais, je **veux** bien le faire.
Pourquoi est-ce que tu ne viens pas avec nous? Je **n'aime pas** ce film et en plus, je **ne veux pas** toujours faire la même chose.
Nous rénovons notre maison. C'est dur. Mais nous **devons** le faire.
J'ai accepté ce poste. Je **dois** gagner de l'argent pour payer le loyer.
Elle n'est pas partie en France puisqu'elle **ne sait pas** parler français.

Exercice 9:
Avant d'arriver dans la classe vers sept heures et demie, je bavarde avec mes copines dans la cour.
Après avoir pris le déjeuner, nous buvons un café bien corsé.
Avant d'écrire une lettre à un client, l'employé fixe le rendez-vous avec son chef.
Après avoir discuté les détails, nous nous mettons au travail.
Avant de sortir au cinéma, ils doivent finir leur travail.
Après avoir rangé vos chambres, vous pouvez sortir avec vos amis.
Avant de préparer le dîner ce soir, je dois encore faire les courses.
Après avoir fait vos devoirs, vous pouvez jouer à l'ordinateur.

Exercice 10:
Ça te dirait d'aller au cinéma avec nous?
Vous aimeriez passer le week-end à faire du sport?
Cela vous plairait de jouer au tennis dans notre club?
Tu ne voudrais pas faire cette petite excursion avec moi?
Vous pourriez acheter les boissons et nous nous occuperions du reste.
On pourrait sortir ce soir avec Paul et Marie?
Vous n'aimeriez pas participer à cette compétition?
Tu pourrais prendre ma voiture, je n'en ai pas besoin.

Exercice 11:
À votre place, j'arrêterais de fumer.
À votre place, je me promènerais plus souvent en plein air.
À ta place, je ferais des exercices de gymnastique.
À ta place, je passerais moins de temps devant mon ordinateur.
À votre place, je boirais moins de coca.
À ta place, je sortirais avec des amis.
À ta place, je mangerais moins.

Exercice 12:
Je t'attends ici depuis plus d'une demi-heure! Tu **aurais pu** au moins m'appeler sur mon smartphone.
Excuse-moi, tu as raison, j'**aurais dû** le faire.
Vous êtes vraiment négligeable. Moi, j'**aurais fait** ce travail depuis longtemps.
C'est dommage. Vous **auriez rencontré** des gens intéressants.
Tu es trop sévère. Je **ne les aurais pas grondés** pour un rien.
Les tickets sont vraiment chers. Maman **n'aurait pas acheté** les tickets à ce prix.
Elle ne le savait pas. Autrement, elle **serait venue** certainement.
Le train était en retard. Sinon, nous **serions arrivés** à l'heure.

Exercice 13:
S'il **neige** assez, je **partirai** déjà au mois de décembre.
Mon ami Pierre **viendra** avec moi, si ses parents le lui **permettent**.
Si nous **partons** ensemble, nous **prendrons** la voiture de mon père.
Si Pierre **ne peut pas** venir avec moi, je **prendrai** le train.
Si je **dois** partir seul, je **m'ennuierai** le soir, c'est sûr.
Si nous **sommes** à deux, nous **sortirons** en boîte tous les soirs.
Espérons que ses parents seront d'accord.

Exercice 14:
Si tu me/nous donnes de l'argent,
- je **ne dépenserai pas** tout.
- je t'**inviterai** au cinéma la prochaine fois.
- nous vous **aiderons** à faire le ménage.
- je **travaillerai** plus dur pour l'école.
- nous **ferons** les courses pour toi.
- **j'achèterai** seulement des choses dont j'ai besoin

Exercice 15:
- Si je **savais** mieux parler français, je **partirais** pour une année Erasmus + à Nice.
- Si mon ami Pierre **venait** avec moi, ce **serait** génial parce que nous nous entendons si bien.
- Nous **nous offririons** un bon hôtel, si nous **recevions** une bourse.
- Si nous **pouvions** passer du temps avec des adolescents français, nous **connaîtrions** aussi le mode de vie des Français.
- Si je **ne devais pas** partir seul, nous **suivrions** des cours de français pour éviter de parler trop souvent allemand entre nous.
- Si nous **parlions** bien la langue, nous **trouverions** certainement un petit boulot et peut-être nous **resterions** plus longtemps en France.

Exercice 16:
Si **j'avais eu** deux points de plus, j'**aurais réussi** cet examen, c'est incroyable.
Je pense que si j'**avais mieux préparé** la partie trois, j'**aurais obtenu** ces points.
Si je **n'avais pas raté** cet examen, je **n'aurais pas dû** travailler pour l'école pendant les vacances.
Mais si le professeur **avait été** moins sévère, il **aurait pu** me donner une note suffisante.
En plus, il **aurait pu** préparer un examen moins difficile, s'il **avait voulu** nous aider.
Mais en fin de compte, si j'**avais travaillé** plus sérieusement, je **n'aurais pas eu** de difficultés.

Exercice 17:
Sylvie est une très **belle** fille. Elle mesure 1,75 mètres, alors elle est très **grande**. Elle a de **gros** yeux **verts** et son visage est **rond**. Elle est **blonde** et ses cheveux sont **courts**.

Mon appartement est situé au **premier** étage d'un **vieil** immeuble. Mon appartement n'est pas **spacieux** mais il a une **grande** cuisine qui est bien **équipée**. Le salon a deux **grandes** fenêtres, alors il est très **clair**. Dans le salon, j'ai de **nouveaux** fauteuils très **confortables**.

Exercice 18:
Nos **nouveaux** produits sont de qualité **excellente**.
Les **belles** robes sont livrables dans les couleurs **suivantes**: rouge et marron.
Nos **derniers** modèles sont les **meilleurs** articles de notre gamme.
Les smartphones disposent de **grands** écrans **multifonctionnels**.
Nous vous offrons de voitures **luxueuses** avec des moteurs **performants**.
Notre hôtel vous offre des **jolies** chambres avec une **belle** vue sur la côte.

Exercice 19:
Je suis très content de vous tous parce que vous travaillez si **sérieusement**. Vous faites **régulièrement** vos devoirs et c'est pourquoi vous savez si **bien** faire tous les devoirs à table. Vous parlez **clairement** et je peux donc **facilement** comprendre ce que vous dites. Quand je vous pose des questions personnelles, vous me répondez toujours **sincèrement**. J'apprécie cela. Je vous promets donc de réagir **patiemment** quand vous ne comprenez pas et de vous aider **naturellement**.

Exercice 20:
Pierre travaille **plus** que son frère, mais son frère connaît **plus de** personnes.
As-tu mangé **assez de** fruits et de légumes aujourd'hui? Oui, j'en ai mangé **assez**.
Les Français passent **moins de** temps à l'étranger parce qu'ils aiment **moins** voyager.
Je ne dois pas apprendre **autant** parce que nous n'avons pas **autant de** leçons à réviser.
Mon amie Sylvie mange **trop** surtout **trop de** sucreries.
Mais en comparaison avec moi, elle en mange **peu**.

Exercice 21 (Mögliche Lösungen):
Pierre sort **souvent/régulièrement** le week-end alors qu'il sort **rarement/presque jamais** pendant la semaine.
En été, nous faisons **toujours/fréquemment** de la natation alors qu'en hiver nous la pratiquons **parfois/rarement**.
Je déteste les cigarettes c'est pourquoi je **ne** fume **jamais** alors que mon père fume **régulièrement**.
Les Alpins font **habituellement** du ski alors que les citadins le font **quelquefois** seulement.
Certains élèves parlent **toujours/constamment** en cours alors que d'autres parlent **rarement/presque jamais**.

Exercice 22:
Hier, j'ai rencontré Pierre avec une jolie femme blonde. Je **leur (1)** ai dit bonjour et il me **l' (2)** a présentée. C'était son amie Magali. J'étais très surpris de **le (3)** voir avec elle puisque je **la (4)** connaissais. Je **l' (5)** avais rencontrée lors d'une présentation sur les régions de la France à notre école. Pendant cette présentation, elle **nous (6)** avait raconté beaucoup de choses intéressantes sur ces régions. Elle **nous (7)** avait vraiment donné envie de **les (8)** visiter. Après la présentation, je **lui (9)** avais posé un tas de questions et elle **m' (10)** avait répondu gentiment. Je **lui (11)** ai raconté cela et c'était là où elle **m' (12)** a reconnu. Enfin, je **leur (13)** ai souhaité une bonne journée et je **les (14)** ai quittés.

Exercice 23:
Vous devez **aller les chercher** à la gare.
Vous devez **leur montrer** l'hôtel
Vous **ne devez pas les faire attendre**.
Vous devez **leur montrer** notre entreprise.
Vous devez **leur offrir** un pot de bienvenue.
Vous devez **les accompagner** à la réunion.
Vous devez **leur présenter** notre équipe.

Exercice 24:
Oui, il **vous en** faut absolument.
Vous devez **la lui** envoyer le plus vite possible.
Oui, il **vous en** faut une.
On va **vous l'**envoyer dans une semaine.
La secrétaire **vous la** remettra à la fin du mois.
Non, vous ne devez pas **les leur** poser.

Exercice 25:
Voilà mon nouvel ordinateur portable **qui** est très pratique et **que** j'ai acheté il y a trois jours. Le magasin **où** je l'ai acheté est spécialisé dans la vente des ordinateurs performants. Cet ordinateur **dont** la housse de protection était gratuite m'a tout de suite plu. Cet ordinateur **qui** pèse moins d'un kilo, a une batterie avec une autonomie de plus de sept heures. L'écran **qui** mesure 17 pouces me suffit largement. La souris **que** j'utilise rarement est ergonomique. La page d'accueil **qui** s'affiche en quelques secondes, montre une photo de mes dernières vacances **que** j'ai passées aux Caraïbes. Les logiciels **qu'**il offre sont nombreux. Les logiciels **dont** j'ai besoin sont surtout Word, Acces, Excel et Powerpoint. Mais c'est aussi là que je stockerai les photos **que** j'ai prises pendant mes voyages et **où** j'enregistrerai mes vidéos. C'est un appareil **dont** je rêve depuis longtemps et **qui** va aussi m'aider à mieux faire mon travail.

Exercice 26:
Le professeur idéal **que** j'imagine est une personne **qui** est toujours souriante et serviable. Les cours **qu'**il fait, sont toujours bien préparés et motivants. Il nous parle des choses **qui** font partie de notre vie, nous raconte parfois de petites histoires **qu'**il aime et il nous fait travailler là **où** c'est nécessaire. Pendant les heures de cours **où** nous faisons des exercices de compréhension orale, il nous fait écouter des textes audio et vidéo authentiques. C'est une personne **qui** aime discuter et **dont** le point fort principal est son amour pour les jeunes. Pendant les pauses **où** il ne devrait pas travailler il reste parfois en classe pour répondre à nos questions. Les devoirs **qu'**il nous donne ne sont jamais trop longs et la date **où** nous devons les rendre, nous la fixons ensemble. Les interrogations **dont** nous connaissons toujours le contenu une semaine en avance, ne sont jamais trop difficiles. Les notes **qu'**il donne sont justes, même si parfois elles ne sont pas celles **que** nous avons attendues.
Ces professeurs idéals **dont** je connais quelques-uns existent vraiment.

Exercice 27:
Les relations avec ma famille sont compliquées. Ma mère travaille beaucoup et j'ai l'impression qu'elle ne sait pas **ce que** je pense, **ce que** je veux et **ce qui** m'intéresse. En plus, **ce dont** je rêve, je ne peux pas le lui dire. Elle veut que je fasse des études, mais **ce qu'**elle attend de moi c'est trop. Mon père me dit toujours **ce que** je dois faire et **ce qui** est le plus important dans la vie. Mais, **ce qu'**il trouve important ce n'est pas **ce que** je cherche dans la vie. Il ne me demande jamais **ce qui** m'amuse, **ce dont** j'ai envie ou même pas **ce que** j'ai fait pendant la journée. C'est dommage qu'ils ignorent **ce que** j'aimerais discuter avec eux et **ce qui** me fait rire ou pleurer. Des parents plus détendus et plus compréhensifs, voilà **ce dont** je rêve.

Exercice 28:
Son eau **au fond de laquelle** on trouve encore différents poissons est chaude en été et tiède en hiver.
Près de la côte, il y a l'île St. Honorat **au centre de laquelle** on peut visiter un vieux monastère.
Ce monastère **en face duquel** se dresse une jolie tour est habité par des moines bénédictins.
C'est la tour **en haut de laquelle** on doit monter pour profiter d'une vue splendide sur la Méditerranée.
Ce sont les deux monuments les plus visités **près desquels** se trouvent de beaux jardins.
Ces beaux jardins **au milieu desquels** on trouve une belle fontaine sont pleins d'arbres et de plantes.
La fontaine **autour de laquelle** de petits bancs invitent à se reposer jette son eau dans le ciel.
La mer et la montagne sont des places **loin desquelles** je n'aimerais pas vivre.

Exercice 29:
(1) C'est avant sept heures qu'il faut y arriver.
(2) C'est encore cet après-midi que nous devons organiser ce rendez-vous.
(3) Ce sont les clients habituels qui devraient recevoir l'invitation les premiers.
(4) C'est à nos clients qu'il faut adresser cette lettre d'information.
(5) C'est à Paris que ma cousine habite actuellement, pas à Nantes.
(6) C'est à ce problème que les hommes politiques devraient attacher une plus grande importance.
(7) C'est après la discussion avec les experts que nous allons résoudre ce problème.
(8) C'est à tes parents que tu dois demander la permission.

Exercice 30:
Faites cet exercice **en insérant** les mots qui manquent.
Rédigez un bon texte **en reliant** les phrases avec des mots de liaison.
Vous devez préparer une présentation **en utilisant** le programme PowerPoint.
Vous ferez des expériences intéressantes **en partant** à l'étranger seul.
On devient un bon footballeur **en s'entraînant** régulièrement.
Ils feront des progrès **en travaillant** dur.
Elle a trouvé ce poste **en lisant** les petites annonces dans un journal.

Exercice 31:
Je suis très contente que Jacques vienne chez nous samedi.
Nous sommes heureux que Sylvie ait la possibilité de partir pour Paris.
C'est fantastique que nous puissions faire ce stage.
Elle a peur qu'ils partent en vacances sans elle.
Cela m'énerve que les gens ne soient pas à l'heure.
Le professeur déteste que les élèves fassent autre chose en cours.
Je regrette que ma mère ne puisse pas venir.
Je suis triste que vous n'ayez pas de bonnes notes.

Exercice 32:
Premièrement, il faut que tu **ailles au lit tôt** et que tu **dormes bien**. Il est absolument nécessaire que tu **portes** des vêtements adéquats et que tu **aies** une bonne présentation. En plus, il faut que tu **n'arrives pas en retard** et que tu **sois calme et souriant**. Il est bien que tu **réfléchisses** avant de répondre et que tu **répondes** clairement. Il est bien aussi que tu **dises** ce que tu sais de l'entreprise.
Il est préférable que tu **mettes l'accent** sur tes points forts, mais c'est essentiel que tu **n'exagères pas**. Enfin, il est indispensable que tu **tiennes compte** de ce que dit ton interlocuteur et que tu **suives** mes conseils.

Exercice 33:
Mes parents sont vraiment compliqués/difficiles. À mon avis, il est impossible qu'ils me **disent** toujours ce que je dois faire. Je trouve cela inadmissible qu'ils **veuillent** savoir avec qui je sors et quand je rentre. C'est grave qu'ils ne me **fassent** pas confiance. Ce n'est pas bon qu'ils **se fassent** des soucis et qu'ils **n'acceptent pas** que je suis presque adulte. Je trouve ça bizarre qu'ils **ne sachent pas** s'y prendre avec une enfant de 17 ans.

Exercice 34:
1. Un accident a été causé par M. Dubois.
2. Deux personnes ont été blessées et sa nouvelle voiture a été endommagée.
3. Les blessés ont été transportés à l'hôpital.
4. La voiture a été emportée à un garage.
5. M. Dubois a été interrogé par la police.
6. Après cet interrogatoire, un protocole a été signé.
7. Les blessés seront soignés par les médecins et la voiture sera réparée par un mécanicien.
8. Les blessés seront dédommagés par l'assurance.

Exercice 35:
Demain, notre nouveau magasin sera ouvert.
En 2012, le musée Picasso a été inauguré.
La semaine prochaine, notre nouveau catalogue sera envoyé à tous nos clients.
Il y a quelques mois, notre nouveau président a été élu.
La semaine dernière, le parlement a été convoqué.
Demain matin, les marchandises seront transportées au port de Toulon par train.
Ce soir, les clients sont (seront) invités à un pot de bienvenue.
Demain après-midi, les employés seront réunis pour une discussion avec le responsable.
Hier soir, les participants ont été accompagnés à l'aéroport.

Exercice 36:
Nos professeurs nous demandent à la fin d'un cours/d'un semestre:
- ~~que~~/**ce que** nous avons à faire pour le prochain cours
- **si**/~~ce~~ que nous avons fait nos devoirs
- **ce que**/~~ce qui~~ nous n'avons pas compris
- **ce qui**/~~ce que~~ nous plaît
- **si**/~~comment~~ nous aimons les chansons françaises
- ~~si~~/**comment** les cours se sont déroulés
- **pourquoi**/~~que~~ nous ne voulions pas leur répondre
- **ce que**/~~ce qui~~ nous aimerions changer
- **si**/~~que~~ nous avons profité des cours

Exercice 37:
- Employé: «Ils disent **que nos modèles leur plaisent (1)** beaucoup, mais **qu'ils n'ont pas reçu (2)** toutes les informations voulues. Ils demandent **de les leur faxer (3)** rapidement, En plus, ils veulent savoir **ce qui a été décidé (4)** concernant les réductions de prix. Enfin, ils nous font savoir **qu'ils seraient prêts à nous passer (5)** une commande importante».

- Employée: «Il dit **que son collègue et lui, ils viendront chez nous (1)** jeudi matin. Il veut savoir **si tout va bien (2)** pour la réunion. En plus, il nous informe **qu'il apportera (3)** le dossier comme prévu, mais **qu'il n'a pas pu parler à son chef (4)**. Il dit **qu'il essaiera de lui téléphoner (5)** avant de venir. Enfin il nous demande **de préparer (6)** un devis quand même».

Exercice 38:
Cher ami,
Mon entretien s'est bien passé, mais le recruteur m'a posé un tas de questions. Tout d'abord, il voulait savoir **quels étaient mes points forts (1)** et **ce qui m'intéressait (2)** dans ce poste. On a aussi parlé de différents logiciels et il m'a demandé **si je maîtrisais tous ces logiciels (3)**.
Il voulait aussi savoir **comment j'avais appris qu'ils cherchaient (4)** du personnel et **si j'avais déjà travaillé (5)** dans cette branche.
Puis, il m'a demandé **si j'étais déjà allée (6)** en France et **si ce serait possible de m'envoyer à leur succursale (7)** à Paris. Enfin, il voulait savoir **si je serais prête (8)** à voyager souvent et **ce que je ferais dix ans plus tard (9)**.

1. Auflage 2017

ISBN 978-3-7101-2001-5

DURCH STARTEN
FRANZÖSISCH

10 bis 13

ÜBUNGSBUCH

Verfasserinnen: Elisabeth Weitz-Polydoros, Gerda Piribauer

SprecherInnen der Hörübungen: Alice Laval, Walter Smoniowski

Diesem Buch ist ein Lösungsheft zu den Übungen beigelegt.

Entspricht der Rechtschreibreform 2006

Bibliografische Information der Deutschen Bibliothek:
Die Deutsche Bibliothek verzeichnet diese Publikation in der Deutschen Nationalbibliografie; detaillierte bibliografische Daten sind im Internet über http://dnb.ddb.de abrufbar.

VERITAS-VERLAG, Linz
www.durchstarten.at

Lektorat: Klaus Kopinitsch
Grafische Gestaltung: Gottfried Moritz
Illustrationen: Helmut »Dino« Breneis
Satz: FACTORY punkt Werbeagentur GmbH, Traun
Herstellung: Kathrin Schager
Bildredaktion: Alexandra Rittberger
Gedruckt in Österreich auf umweltfreundlich hergestelltem Papier

1. Auflage 2017
ISBN 978-3-7101-2001-5

VERITAS
Gemeinsam besser lernen

INHALTSVERZEICHNIS

VORWORT

Der Titel dieses Buches „Durchstarten Französisch, Übungsbuch 3. bis 5. Lernjahr" spricht eigentlich für sich selbst: Es soll dir helfen, dich bereits ab dem 3. Lernjahr auf die neuen Testformate der schriftlichen Reifeprüfung an AHS bzw. Reife- und Diplomprüfung an BHS vorzubereiten. Da sich diese sehr stark an international anerkannten Zertifikaten wie dem „DELF", dem „DALF", dem „TELC" und dem „DFA" orientiert, haben wir auch eine Aufstellung der wichtigsten dieser Prüfungen für dich zusammengestellt – vielleicht möchtest du ja die eine oder andere davon ablegen. Diese Prüfungen sind zwar mit Kosten verbunden, aber der Vorteil ist, dass sie weltweit standardisiert und anerkannt sind und dir eine Fülle von Arbeits- und Studienmöglichkeiten im Ausland eröffnen.

Doch nun zum Aufbau dieses Buches

Die wesentlichsten Änderungen im Vergleich zu früheren Aufgaben bei der Reife- bzw. Reife- und Diplomprüfung liegen im Bereich der Leseverständnisübungen (*Compréhension écrite*), Hörübungen (*Compréhension orale*), Aufgabenstellungen zu Sprache im Kontext (*La langue dans son contexte*) und der Textsorten (*Production écrite*). Deshalb findest du in diesem Buch vier sehr ausführliche Kapitel zu diesen Punkten mit vielen wertvollen Hinweisen und Aufgabenstellungen, um dein Können zu verbessern und Sicherheit zu gewinnen. Aufgabenstellungen zu Sprache im Kontext finden sich bei den abschließenden Prüfungen nur im Bereich der AHS, nichtsdestoweniger sind sie aber auch für Lernende aus dem Bereich der BHS eine gute Möglichkeit, ihre Kenntnisse zu verbessern.

Alle Aufgabenstellungen in diesem Buch sind nach Schwierigkeitsgrad gemäß dem Europäischen Referenzrahmen (GERS) geordnet und decken die Niveaus A2 bis B1 ab.

In den Bereichen „Leseverständnis", „Sprache im Kontext" und „Textsorten" gibt es auch Aufgabenstellungen auf dem Niveau B2, da dies für die Langform in den zweiten lebenden Fremdsprachen für die Reifeprüfung an AHS vorgesehen ist.

Die Hörübungen sind von Native Speakers mit verschiedenen Akzenten gesprochen. Die Themenbereiche sind breit gefächert und bieten einen umfangreichen französischen Wortschatz. Einige Grundthemen sind sehr ausführlich aufbereitet, und du kannst dir aus den Kapiteln *„Vocabulaire"* und *„Fonction"* die Gebiete heraussuchen, die für dich wichtig sind.

Die dazugehörigen Übungen und Beispiele sollen ein Anreiz sein, dich mit den Vokabeln auseinanderzusetzen. Die eigentliche Vokabelarbeit obliegt aber jedem einzelnen Lernenden.

Kenntnisse der französischen Grundgrammatik werden ab dem 3. Lernjahr meist vorausgesetzt, aber es wird wahrscheinlich einige Bereiche geben, denen du noch Aufmerksamkeit widmen möchtest. Um persönliche Schwachstellen zu identifizieren, bietet sich das Kapitel *„Révision de grammaire en contexte"* an.

Im **Anhang** (*Annexe*) des Buches findest du schließlich Übersichtstabellen zu den wichtigsten Konjunktionen (*Conjonctions et connecteurs*) sowie zu idiomatischen Redewendungen der französischen Schriftsprache.

Im **Lösungsheft** sind alle Lösungen zu sämtlichen Übungen und auch die Transkriptionen zu den Hörübungen enthalten.

Folgende **Symbole** sollen dir helfen, dich in diesem Übungsbuch besser zurechtzufinden.

Querverweis auf Grammatikkapitel	Querverweis auf Wortschatz- oder Textsortenkapitel	Lerntipp

Skills Training	Merkkästchen	Infokästchen

Wie sollte man mit diesem Buch üben?

Prinzipiell kann man mit jeder beliebigen Fertigkeit zu üben beginnen. Wichtig ist allerdings, dass man immer mit Übungen des Niveaus A2 beginnen und sich dann steigern sollte. Es ist sinnvoll, nach einem Zeitplan aus jedem Teilbereich eine gewisse Anzahl an Themen und Übungen zu absolvieren. Mehr Tipps zum Thema „Lernen lernen" findest du auf den Seiten 9 und 10.

Nun bleibt uns nur noch, dir viel Erfolg bei der Arbeit mit diesem Buch und viel Freude an der französischen Sprache zu wünschen!

Elisabeth Weitz-Polydoros und *Gerda Piribauer*

DIE STANDARDISIERTE REIFEPRÜFUNG IN FRANZÖSISCH AN AHS

DIE SCHRIFTLICHE REIFEPRÜFUNG

Für die zweiten lebenden Fremdsprachen sieht der österreichische Lehrplan das Erreichen des Kompetenzniveaus vierjährig B1 und sechsjährig B1 für die Bereiche Hören, Schreiben, Sprachverwendung im Kontext und Sprechen sowie B2 für Lesen vor.

	Kompetenzbereich	Prüfungsteil	Dauer	Teilaufgaben	Gewichtung
AHS	rezeptiv	Leseverständnis	60 Minuten	4	1/4
		Hörverständnis	40 Minuten	4	1/4
	produktiv	Sprachverwendung im Kontext	45 Minuten	4	1/4
		Schreiben	B1: 125 Minuten B2: 120 Minuten	2	1/4

https://www.srdp.at/schriftliche-pruefungen/lebende-fremdsprachen/allgemeine-informationen/

Die Prüfungsaufgaben der vier Teile werden zentral für ganz Österreich vom BMB (Bundesministerium für Bildung) erstellt. Die Gesamtarbeitszeit beträgt 270 Minuten. Es ist bei keinem Teil das Wörterbuch erlaubt. Die Reihenfolge der einzelnen Teile ist wie folgt:

Rezeptiver Teil:	
Compréhension écrite (Leseverstehen) 60 Minuten	Vier verschiedene Lesetexte werden mit je einer der folgenden Aufgabenstellungen getestet: ■ Zuordnen (B1/B2) ■ Multiple Choice (B1/B2) ■ Kurzantworten (die Lücken werden mit 1–4 Wörter vervollständigt) (B1/B2) ■ Richtig/Falsch/mit Begründung (B2)
Compréhension orale (Hörverstehen) max. 45 Minuten	Vier verschiedene Hörtexte (je ca. 1,30–3,30 Minuten Länge) werden zweimal vorgespielt. Es gibt pro Hörtext eine Aufgabenstellung: ■ Zuordnen ■ Multiple Choice ■ Kurzantworten (die Lücken werden mit 1–4 Wörtern vervollständigt) Die sprachliche Produktion soll auf ein Minimum reduziert sein, um die rezeptiven und die produktiven Fertigkeiten klar voneinander zu trennen.
Produktiver Teil:	
La langue dans son contexte (Sprachverwendung im Kontext) 45 Minuten	In 4 Teilen werden grammatikalische Strukturen und Wortschatz mit folgenden Aufgabenstellungen getestet: ■ Multiple Choice ■ Wortbildung ■ Lückentext mit Antwortmöglichkeiten ■ offener Lückentext ■ Editieren
Production écrite (Schreiben) max. 125 Minuten	Zwei Texte müssen verfasst werden: ■ A. Ein Essay (argumentativer Text): ca. 400 Wörter (B2) ■ B. Eine dieser Textsorten wird vorgegeben (z.B. Bericht (*rapport*), Artikel (*article*), E-Mail (*courriel*), Blog (*l'entrée de blog*): ca. 250 Wörter. Die Aufgaben unterscheiden sich bezüglich Textsorte, Perspektive, Register ... voneinander. Die Themen beziehen sich auf alltägliche Lebenssituationen, auf Freizeit, Schule, Hobbys, Unterhaltung, Reisen, Arbeitswelt etc.

Die einzelnen Teile werden durch kurze Pausen getrennt. Jeder der vier Teile wird mit 25% gleich gewichtet.
Es darf keiner der beiden Teilbereiche (Lesen, Hören) unter 50% liegen, wobei der jeweils andere Teil die fehlenden Prozentpunkte auf 60% ausgleichen muss, um insgesamt eine positive Beurteilung zu erreichen.

INTERNATIONALE ZERTIFIKATE

Es gibt verschiedene international anerkannte Sprachzertifikate, die man ablegen kann, um im französischsprachigen Ausland arbeiten oder studieren zu können. Darüber hinaus kann ein Nachweis sprachlicher Kenntnisse im beruflichen Leben von Vorteil sein.
Hier findest du eine Auswahl an allgemeinen Sprachzertifikaten des französischen Bildungsministeriums, die du in Österreich ablegen kannst. Solltest du dich für Zertifikate auf anderen Niveaus interessieren, dann findest du weiter unten entsprechende Links.

	DELF/DELF scolaire B1	**DELF B2**	**DELF pro A1–B2**
Compréhension écrite	Fragen zu 2 Aufgaben – 35 Minuten	Fragen zu 2 Aufgaben – 60 Minuten	Fragen zu 2 Aufgaben – 35 Minuten
Compréhension orale	Fragen zu 3 Hörtexten – 25 Minuten	Fragen zu 2 Hörtexten – 30 Minuten	Fragen zu 3 Hörtexten – 25 Minuten
Expression écrite	1 Text – 45 Minuten	1 Text – 60 Minuten	1 Text – 45 Minuten
Expression orale	3 Teile – 15 Minuten Vorbereitung 10 Minuten für den 3. Teil	1 Aufgabe – 20 Minuten Vorbereitung 30 Minuten	3 Teile – 15 Minuten Vorbereitung 10 Minuten für den 3. Teil
Gesamtdauer	**2 Stunden**	**3 Stunden 30 Minuten**	**3 Stunden 30 Minuten**

Detailliertere Informationen dazu findest du unter:
http://institut-francais.at/vienne/de/pruefungen/delf-dalf/praesentation.html
http://www.ciep.fr/delf-dalf

Wenn du dich auf eine dieser Prüfungen vorbereiten möchtest, dann findest du unter folgenden Links Prüfungsbeispiele:
- DELF tout public B1 + B2: http://www.ciep.fr/delf-tout-public/exemples-des-sujets
- DELF scolaire B1: http://www.ciep.fr/delf-junior/exemples-sujets
- DELF pro B1: http://www.ciep.fr/delf-pro/exemples-sujets-b1
- DELF pro B2: http://www.ciep.fr/delf-pro/exemples-sujets-b2

Selbstverständlich kannst du diese Zertifikate auch schon auf den Niveaus A1 + A2 ablegen.

DIE STANDARDISIERTE REIFE- UND DIPLOMPRÜFUNG IN FRANZÖSISCH AN BHS

DIE SCHRIFTLICHE REIFE- UND DIPLOMPRÜFUNG

Für die zweiten lebenden Fremdsprachen an berufsbildenden höheren Schulen (BHS) sieht der Lehrplan das Zielniveau B1 vor.
An berufsbildenden höheren Schulen (BHS) werden drei Teilfertigkeiten überprüft: Leseverständnis, Hörverständnis sowie die Schreibkompetenz.
Folgende Tabelle bietet einen Überblick über die Dauer, Anzahl der Aufgaben und Gewichtung der einzelnen Prüfungsteile:

	Kompetenzbereich	Prüfungsteil	Dauer	Teilaufgaben	Gewichtung
BHS	rezeptiv	Leseverständnis	60 Minuten	4	1/4
		Hörverständnis	40 Minuten	4	1/4
	produktiv	Schreiben	200 Minuten	3	1/2

Die Bearbeitungszeit beträgt insgesamt 300 Minuten und die rezeptiven und produktiven Fertigkeiten werden zu je 50 Prozent gewichtet. Die Prüfungsaufgaben der drei Teile werden zentral für ganz Österreich vom BMB erstellt.

Die Reihenfolge der einzelnen Teile ist wie folgt:

Rezeptiver Teil:	
Compréhension écrite (Leseverständnis) 60 Minuten	Es werden vier Aufgabenstellungen zu vier unterschiedlichen Lesetexten gestellt; mögliche Art der Aufgabenstellung: ■ Multiple Choice ■ Multiple Matching (Zuordnen) ■ Kurzantworten (die Lücken werden mit 1–4 Wörtern vervollständigt)
Compréhension orale (Hörverständnis) 40 Minuten	Es werden vier Aufgabenstellungen zu vier unterschiedlichen Hörtexten gestellt; mögliche Art der Aufgabenstellung: ■ Multiple Choice ■ Multiple Matching (Zuordnen) ■ Kurzantworten (die Lücken werden mit 1–4 Wörtern vervollständigt)
Produktiver Teil:	
Production écrite (Schreiben) 200 Minuten	Drei unterschiedliche Schreibaufträge zu Textsorten wie Artikel, E-Mail, Bericht, Blogeintrag oder Blogkommentar und Broschüre müssen bearbeitet werden.

Die Themenbereiche, die zu bearbeiten sind, orientieren sich am Lehrplan, in dem die im GERS angeführten Bereiche (Alltag, Freizeit, Arbeits- und Schulwelt) verankert sind.
Die Verwendung (elektronischer) Wörterbücher ist ausschließlich im Bereich Schreiben gestattet.
Im Fall einer negativ beurteilten Klausur kann wahlweise eine mündliche Kompensationsprüfung oder ein schriftlicher Wiederholungstermin absolviert werden.

Alle Informationen stammen von der Webseite des BMB: www.srdp.at

INTERNATIONALE ZERTIFIKATE IM BEREICH DER BERUFSBILDUNG

Im beruflichen Bereich sind die *Diplômes de français professionnel (DFP) de la Chambre de commerce et d'Industrie de Paris Île-de-France (CCIP)*, die Zertifikate der Pariser Handelskammer, besonders angesehen. Diese werden seit Kurzem am Computer abgelegt und sind noch näher der beruflichen Realität als früher. Besonders empfehlenswert für Schülerinnen und Schüler österreichischer BHS sind *DFP Affaires* und *DFP Tourisme-Hôtellerie-Restauration*. Man kann diese ablegen, sobald man älter als 16 Jahre ist und die entsprechenden Kenntnisse in Französisch im beruflichen Bereich nachweisen möchte.

Wenn man also einen Job im Ausland anstrebt oder einfach seine beruflichen Chancen in Österreich erhöhen möchte, dann bieten diese Zertifikate eine gute Möglichkeit.

Grundsätzlich kann man Zertifikate auf den Niveaus A1–C1 des GERS ablegen, in Österreich bietet das CEBS (Center für berufsbezogene Sprachen) folgende Zertifikate an:

1er Diplôme de français professionnel Affaires B1

Comprendre et traiter l'information		**Durée**
Traiter l'information écrite	1 : Commenter un graphique 2 : Apporter une réponse adaptée dans une situation problématique 3 : Réserver un espace d'exposition sur un salon, en tenant compte des instructions données 4 : Compléter une fiche récapitulative de projet, établir des conclusions opérationnelles à partir des informations données 5 : Organiser ses notes	1 heure 15
Traiter l'information orale	6 : Transmettre la teneur du message d'un client et des instructions à un collègue 7 : Rédiger un courriel de réponse à la demande, en tenant compte d'informations complémentaires	
Interagir à l'écrit	8 : Rédiger une lettre de candidature	
Interagir à l'oral		**Durée**
Activité 1 :	Présenter le parcours de candidats à un poste et argumenter son choix auprès de la direction	Prépa : 20 min. Passation : 10 min.
Activité 2 :	Argumenter auprès d'un décideur / d'un client lors d'un entretien / d'une vente	
Durée totale de l'examen : 1h45		

2e Diplôme de français professionnel Affaires B2

Comprendre et traiter l'information		**Durée**
Traiter l'information écrite	1 : Rédiger une note / un rapport répondant à une problématique identifiée à partir d'un dossier documentaire	2 heures
Traiter l'information orale	2 : Rédiger un compte-rendu d'une intervention orale	
Interagir à l'écrit	3 : Rédiger le courriel de réponse à une réclamation en tenant compte des instructions de son responsable	
Interagir à l'oral		**Durée**
Activité 1 :	Rencontrer un interlocuteur et défendre une option dans une négociation	Prépa : 15 min. Passation : 15 min.
Activité 2 :	Présenter en assemblée le bilan d'une activité sur une période de temps donnée	
Durée totale de l'examen : 2h30		

3e Diplôme de français professionnel Tourisme-Hôtellerie-Restauration B1

Comprendre et traiter l'information		Durée
Traiter l'information écrite	1 : Prendre des notes pour préparer une visite guidée à partir d'un dossier documentaire	2 heures
Traiter l'information orale	2 : Rédiger un compte-rendu d'une intervention orale	
Interagir à l'écrit	3 : Rédiger le texte promotionnel d'une offre touristique	
Interagir à l'oral		**Durée**
Activité 1 :	Expliquer une carte et conseiller un / e client / e en fonction de ses goûts	Prépa : 20 min. Passation : 15 min.
Activité 2 :	Débuter une visite guidée : présenter les particularités géographiques, historiques, stylistiques ou culturelles d'un site ou d'une œuvre	
Durée totale de l'examen : 2h35		

Weitere Informationen zu allen Zertifikaten der CCIP findest du unter:
http://www.centredelanguefrancaise.paris/tests-diplomes/diplomes-francais-professionnel-dfp/
Wenn du dich auf ein Zertifikat vorbereiten möchtest, dann findest du Möglichkeiten unter:
http://www.lefrancaisdesaffaires.fr/outils-preparation-dfp/

RAUM FÜR NOTIZEN:

LERNEN LERNEN

Eine positive Einstellung

Wenn du nicht lernen willst, wirst du dir beim Lernen sehr schwer tun. Tritt also deinen Lernaufgaben mit einer positiven Grundeinstellung gegenüber. Freude und Lust steigern die Lernfähigkeit, während Angst und Unlust sie vermindern. Lernen wird umso leichter, je mehr Freude du daran hast!

Motivation

Definiere dein Ziel, das du erreichen möchtest: die Matura, ein Berufswunsch, etc. Das Lernen ist das Hilfsmittel, das dich an dein Ziel bringt. Wann immer dir das Lernen schwer fällt, mache dir dein Ziel wieder bewusst.

Belohnung

Lernerfolge sollten belohnt werden – gönne dir etwas, denn das erhöht wiederum die Motivation.

Entspannung

Unter Druck wirst du nicht besonders gute Lernerfolge erzielen. Auch zu hohe Erwartungen und zu viel Ehrgeiz können Lernblockaden auslösen. Gehe spazieren, höre Musik, mache autogenes Training, etc., um zu entspannen.

Eine angenehme Lernumgebung

Nur wenn du dich auch körperlich wohl fühlst, wirst du dein ganzes Potential ausschöpfen können.

- Achte auf die richtige Körperhaltung (Oberfläche des Sitzplatzes etwa 20 cm unterhalb des Schreibtisches).
- Eine neigbare Schreibtischplatte entlastet die Augen.
- Alles Wichtige sollte in Griffweite sein, unwichtige oder ablenkende Dinge lege zur Seite.

Außerdem brauchst du

- gutes Licht – vor allem Tageslicht – und Ruhe;
- viel frische Luft, denn ohne Sauerstoff kann dein Gehirn nicht so gut arbeiten;
- eine angenehme Raumtemperatur (nicht zu warm!).

Manche Menschen umgeben sich beim Lernen auch gerne mit

- bestimmten lernstimulierenden Düften, z.B. Lemongrass;
- Musik, die entspannt oder anspornt.

Ortswechsel

Lerne nicht immer am selben Ort. Wechsle den Raum, die Position, lerne auch einmal im Gehen. Dein Gehirn wird die Lerninhalte auch mit der anderen Bewegung und dem neuen Ort verbinden.

Lerntechniken kennen lernen und ausprobieren

Richtig Lernen lernen zahlt sich aus, denn du wirst effizienter lernen und dir dadurch Zeit und Mühe sparen.

Lerntypen und Lernmethoden

Versuche herauszufinden, welcher Lerntyp du bist, und richte dein Lernverhalten danach aus:

- Der visuelle Typ möchte die Lerninhalte sehen und schreiben, um sie zu behalten.
- Der auditive Typ merkt sich diejenigen Lerninhalte am besten, die er hört und laut wiederholt.
- Der kinästhetische Typ will die Lerninhalte erfassen und begreifen.

Noch bessere Lernerfolge wirst du erzielen, wenn du es schaffst, dir auch die Lernweisen anzueignen, die nicht deinem Typ entsprechen. Flexibilität bedeutet Freiheit, und je mehr Lernmethoden du beherrschst, desto besser und schneller wirst du dein Ziel erreichen. Es gibt Lernsituationen, die dir die Lernmethode vorgeben, die du anwenden musst. Oder manche Lehrer werden dir Aufgaben stellen, die ihrem eigenen Lerntyp am nächsten kommen. Je mehr Sinnesorgane an deinem Lernprozess beteiligt sind, desto effektiver lernst du. Erweitere also deine Kapazitäten und trainiere deine Anpassungsfähigkeit – auch wenn es am Anfang schwerfällt.

Beide Gehirnhälften nutzen

Um optimal zu lernen, musst du beide Gehirnhälften aktivieren und nutzen. Normalerweise bleibt die rechte Gehirnhälfte eher auf der Strecke, weil Lernen bei uns sehr „linkslastig" ist, d.h., wir lernen über die Schrift, die Sprache und logische Gedankengänge. Lernen durch Bilder, Vergleiche, Beispiele und Zusammenhänge läuft hingegen über die rechte Gehirnhälfte ab. Wirkliche Lernerfolge wirst du erzielen, wenn du zum Beispiel:

- Mind maps beim Lernen einsetzt;
- komplizierte Lerninhalte in Geschichten verpackst;
- bildhafte Darstellungen des zu erlernenden Stoffes anfertigst.

Lernen heißt verknüpfen

Wenn du etwas Neues lernst, so wird diese neue Information an bereits vorhandenes Wissen angeknüpft. Dein Gehirn stellt Beziehungen zwischen Informationen her und je mehr du über ein Thema weißt, desto leichter bleiben neue Fakten hängen, weil du schon über viele Anknüpfungspunkte verfügst.

Trainiere dein Gehirn

Ein Muskel, den du nicht bewegst, wird verkümmern. Genauso ist es mit deinem Gehirn und deshalb solltest du es regelmäßig und abwechslungsreich trainieren. Je öfter du die bestehenden Verbindungen in deinem Gehirn aktivierst, desto stabiler werden sie. Du kennst das sicher: Wenn du etwas zum ersten Mal ausprobierst, fällt es oft noch schwer und erfordert deine ganze Konzentration (z.B. neue Tanzschritte); aber je öfter du es machst, umso automatischer geht es vor sich, scheinbar ohne dass du dich konkret darauf konzentrieren musst.
Völlig ungenützte Verbindungen in deinem Gehirn werden mit der Zeit deaktiviert, lassen sich aber sehr leicht wieder zum Leben erwecken. Was man einmal wirklich gut gelernt und geübt hat, verlernt man selten für immer.

Zeitplan und Lernprogramm

Um Lerninhalte dauerhaft zu verarbeiten, musst du sie öfter wiederholen, das bedeutet, du solltest rechtzeitig vor einer Prüfung zu lernen beginnen. Ein schriftlicher Zeitplan, auf dem du die täglichen Lernportionen einträgst und im Lauf der Zeit abhakst, ist dabei nicht nur hilfreich, sondern auch motivierend, weil du siehst, wie viel du bereits geschafft hast. Allerdings muss dein Lernplan realistisch sein, denn wenn du ihn nicht einhalten kannst, wirst du frustriert sein. Dein Lernplan sollte auch fixe Zeiten für Pausen und Wiederholungen vorsehen. Beginne dein Lernprogramm immer mit eher leichten Aufgaben, denn auch dein Gehirn muss sich erst aufwärmen. Lies dir vor dem Schlafengehen wichtige Lerninhalte noch einmal durch, um sie zu festigen. Und ganz wichtig: Gönne dir ab und zu einen völlig freien Tag, damit dein Gehirn wieder Kraft tanken kann.

Pausen

Oft wird beim Lernen die Bedeutung der Pausen unterschätzt. Wenn du deinem Gehirn keine Lernpausen gönnst, wird es die neuen Informationen nicht richtig verarbeiten können. Wie oft und wie lange du beim Lernen am besten Pausen einlegst, musst du für dich selbst herausfinden; für den Anfang probiere es vielleicht mit 15 Minuten Pause nach 45 Minuten lernen. In den Pausen solltest du dich bewegen, wenn möglich an der frischen Luft, oder dich stärken mit einem Stück Obst oder auch einer kleinen (!) Süßigkeit. Und natürlich Wasser trinken nicht vergessen! Wenn du am Computer arbeitest, musst du deinen Augen zwischendurch unbedingt Gelegenheit geben auszuruhen, indem du aus dem Fenster schaust oder im Zimmer umherblickst.

Negative Einflüsse auf deinen Lernerfolg:

- Zu wenig Schlaf
- Mangel an Bewegung
- Voller Bauch
- Einseitige Ernährung (zu viel Süßes!)
- Zu geringe Aufnahme von Flüssigkeit
- Konsum von Suchtmitteln
- Vor dem Lernen sehr viel essen
- Zu viel und zu lange an einem Tag lernen
- Ganz kurz vor Prüfungen lernen
- Dich zu lange mit demselben Stoff beschäftigen
- Ähnliche Stoffgebiete unmittelbar hintereinander lernen
- Die Lerninhalte immer in der gleichen Reihenfolge lernen

Aus: Durchstarten Englisch AHS-Matura, Seite 7f

COMPRÉHENSION ÉCRITE

INTRODUCTION

Ein Teilbereich der **Standardisierten Reifeprüfung** an AHS und der **Standardisierten Reife- und Diplomprüfung** an BHS ist die Überprüfung des Leseverständnisses. Die Art der Aufgabenstellungen ist mit den internationalen Zertifikatsprüfungen *DELF, DALF* und *TELC* vergleichbar. Das bedeutet, dass du innerhalb von **60 Minuten** verschiedene Aufgaben zu vier voneinander unabhängigen Texten zu lösen hast. Es darf beim Leseverständnis kein Wörterbuch verwendet werden. Für eine positive Beurteilung des rezeptiven Teils müssen **60%** erreicht werden, wobei ein geringerer Prozentsatz bei der Fertigkeit Lesen mit einem entsprechend höheren Prozentsatz bei der Fertigkeit Hören ausgeglichen werden kann. Das untere Limit ist jeweils 50%. Die andere Fertigkeit müsste in diesem Fall den ausgleichenden Prozentsatz von 70 erreichen, um insgesamt auf 60% zu kommen.

	Mögliche Aufgabenstellungen
Multiple Matching	Passende Überschriften für bestimmte Textpassagen finden, gezielt Informationen im Text finden und den richtigen Textpassagen zuordnen.
Multiple Choice	Verständnisfragen zum Inhalt des Textes mit jeweils vier Antwortmöglichkeiten
Note form	Sätze vervollständigen, Fragen beantworten mit bis zu maximal vier Wörtern
Vrai / faux / justification	Erkennen, ob eine Aussage richtig oder falsch ist, und im Text die Stelle finden, in der der Beweis steht.

In diesem Übungsbuch werden Leseverständnisaufgaben in genau dem Format präsentiert, wie sie bei der schriftlichen Reifeprüfung bzw. Reife- und Diplomprüfung verwendet werden.

LES 10 RÈGLES D'OR POUR LA COMPRÉHENSION ÉCRITE

Hier findest du eine Reihe von allgemeinen Richtlinien, die dir helfen sollen, die Aufgabenstellungen der *Compréhension écrite* richtig anzupacken.

1. Prédire le contenu

Bevor du überhaupt zu lesen beginnst, solltest du versuchen, Vermutungen über den Inhalt des zu bearbeitenden Textes anzustellen. Dabei helfen dir neben dem Titel auch eventuell vorhandene Untertitel oder Fotos.

2. Comprendre la tâche

Lies dir die Aufgabenstellung genau durch und versichere dich, dass dir völlig klar ist, was du zu tun hast.

3. Lire le texte – ❶

Nun lies dir den Text ein erstes Mal durch, um zu erfahren, worum es geht, jedoch ohne irgendetwas auszufüllen. Am besten legst du deinen Stift zur Seite, damit du nicht in Versuchung kommst, voreilige Schlüsse zu ziehen. Allfällige Lücken im Text (fehlende Wörter, Überschriften, Sätze oder gar Absätze) ignoriere, so gut es geht. *Multiple Choice-Fragen* oder Zuordnungsaufgaben beachte zunächst noch nicht.

Parcourir un texte bedeutet, den Text rasch zu lesen, um die Hauptidee herauszufinden. Zu diesem Zeitpunkt solltest du vor allem bestrebt sein, den Grundgedanken und die Hauptpunkte des Textes zu erfassen. Bleibe daher nicht an Details hängen, auch nicht an einzelnen unbekannten Wörtern!

4. Lire le texte – ❷

Nun, da du weißt, worum es in dem Text geht, lies ihn nochmals und versuche, die vorhandenen Lücken gedanklich zu füllen. ***Deviner au hasard!*** Stelle dabei folgende oder ähnliche Überlegungen an:

- Welche Information fehlt hier?
- Was ist die Kernaussage eines Absatzes und welche Überschrift könnte daher den Inhalt dieser Passage gut zusammenfassen?
- Welche Wortart muss ergänzt werden, damit ein Satz vollständig wird?

5. Lire les instructions

- Behalte jetzt unbedingt deine Überlegungen aus Schritt 4 im Hinterkopf!
- Lies dir die fehlenden Textteile sorgfältig durch und überlege, welche Lücken sie füllen. Beginne mit den Lösungen, die dir eindeutig erscheinen. Je vollständiger dein Lückentext wird, desto kleiner wird die Anzahl der noch offenen Lösungsmöglichkeiten. Und umso einfacher wird es dann auch, die schwierigen Stellen richtig zu beantworten.
- Wenn es gilt, *Multiple Choice-Fragen* zu lösen, so studiere diese genau durch. Meist beziehen sich die ersten Fragen chronologisch auf bestimmte Textstellen, während die letzten den gesamten Text umfassen können, sodass du manchmal Informationen aus verschiedenen Abschnitten zusammenfügen musst, um die richtigen Antworten zu finden.
- Bei *Multiple Matching-Aufgaben* unterstreiche zuerst die Schlüsselwörter in den Fragen, die dir bei der Suche nach den richtigen Antworten helfen werden. Überlege dir genau, nach welchen Informationen du suchen musst.

Scruter un texte bedeutet, den Text aufmerksam zu lesen, um bestimmte Informationen herauszufinden. Nun heißt es auf Detailsuche gehen, um auch wirklich die richtigen Antworten zu finden. Doch auch jetzt sollten dich einzelne unbekannte Wörter nicht zu sehr stören, denn sehr oft wird deren Bedeutung aus dem Zusammenhang klar.

6. Choisir la bonne réponse

Entscheide dich für die richtigen Antworten, indem du nach genauen Hinweisen und Schlüsselwörtern im Text suchst. Stelle dir immer wieder folgende Fragen:

- Passt der gewählte Satz inhaltlich auch wirklich zu dem gesamten Absatz?
- Gibt es vielleicht im Satz vor oder nach der Lücke einen eindeutigen inhaltlichen Bezug zu meinem Lösungsvorschlag?
- Welche Wörter finde ich in den einzelnen Absätzen, die zu den einzusetzenden Überschriften passen?
- Bringen die von mir eingefügten Absätze auch nicht die chronologische Reihenfolge oder die Argumentationslinie des Gesamttextes durcheinander?
- Habe ich alle sprachlichen Hinweise (übereinstimmende Zeitformen, Pronomen, die auf bereits erwähnte Substantive verweisen, etc.) in den benachbarten Textstellen beachtet?
- Ist die von mir gewählte Wortart für diese Stelle im Text auch die richtige?

7. Éliminer les réponses incorrectes

Wenn Lücken zu füllen sind, so werden dir normalerweise bis zu zwei Antwortmöglichkeiten mehr angeboten, als du brauchst. Überprüfe unbedingt, ob die übrig gebliebenen Varianten auch wirklich an keiner Stelle passen. Auch bei *Multiple Choice-Fragen* solltest du immer die Gegenprobe machen. Frage dich also nicht nur, warum die von dir gewählte Antwort richtig ist, sondern auch, warum die übrigen drei falsch sein müssen.

8. Lire le texte – ❸

Zum Abschluss lies dir noch einmal dein vollständiges Werk komplett durch, um festzustellen, ob der Text nun so auch wirklich inhaltlich sinnvoll und sprachlich korrekt ist.

9. Deviner la bonne réponse

Bevor du eine Frage unbeantwortet oder eine Lücke ungefüllt lässt, weil du die richtige Lösung einfach nicht herausfinden kannst, ist es immer noch besser zu raten! Du kannst dadurch nur gewinnen!

10. Vérifier l'intégralité de la tâche

Wirf noch einen letzten Blick zurück, ob du auch wirklich alle Fragen beantwortet und alle Aufgaben gelöst hast.

Tâche 1 ÊTRE AU PAIR MULTIPLE CHOICE (A2)

Lisez les messages suivants de plusieurs membres de votre **famille d'accueil au Québec**, puis décidez quelle est la réponse correcte (A, B, C ou D) pour chaque question (1 – 6). Mettez une croix dans la bonne case sur la feuille de réponses. La première réponse (0) est donnée en exemple.

Être au pair

Messages :

A) Est-ce que tu pourrais poster la lettre qui est sur la table dans la cuisine ? Tu devrais acheter un timbre pour l'Europe. L'argent est à côté de la lettre. Attention, le bureau de poste ferme à 5 heures de l'après-midi. Il se trouve près de l'hôpital St. Michel. Prends le bus numéro 3 pour y aller.
Monsieur Leblanc

B) Demain soir toute la famille va à la campagne. Tu veux venir avec nous ? On va partir vers 7 heures du matin. Marie va préparer un pique-nique et on va déjeuner sur l'herbe. Il va faire beau et on va nager dans le lac. On va rentrer tard le soir.

C) Monsieur Dumas, ton professeur de piano, a téléphoné. Il ne peut pas venir demain matin parce qu'il est tombé malade. Ta leçon de piano n'est pourtant pas annulée parce que son collègue Monsieur Dupont va le remplacer.
Pierre

D) Est-ce que tu pourrais aller au supermarché dans l'après-midi ? J'ai pris les œufs mais j'ai oublié de prendre le lait. Est-ce que tu pourrais en acheter 2 litres ? J'en ai besoin pour préparer les crêpes dont on a parlé à midi. Merci !
Madame Leblanc

E) Cet après-midi on va fournir un paquet de l'entreprise Snipes à notre adresse et nous sommes tous au travail. Pauline est à l'école. Est-ce que tu pourrais reprendre le colis ?
Sophie

F) Le proviseur de ton lycée a appelé. Comme il y a un changement dans votre horaire demain, tu dois être devant la salle de gymnase à 9 heures au lieu de 8 heures. Le cours de cuisine commencera à 11 heures comme toujours.
Madame Leblanc

G) L'excursion à Montréal a été annulée pour le mauvais temps qu'il fera la semaine prochaine. Selon la météo il fera très froid et il y aura beaucoup de neige et beaucoup de vent. On vous remboursera l'argent que vous avez payé.
Monsieur Leblanc

315 mots

0 On doit poster le courrier

A après cinq heures.
B vers 3 heures.
C le matin.
D dans l'après-midi.

1 Monsieur Dupont

A va venir au lieu de Monsieur Dumas.
B est tombé malade.
C est professeur de guitare.
D va venir la semaine prochaine.

2 Madame Leblanc a oublié

A de faire les crêpes.
B d'aller au supermarché.
C d'acheter les œufs.
D d'acheter le lait.

3 Demain le cours de gymnastique commence

A à onze heures.
B après le cours de cuisine.
C à neuf heures.
D comme toujours.

4 On ne va pas à Montréal pour

A le prix trop haut.
B le mauvais temps.
C un changement de plan.
D un ordre du directeur.

5 Le paquet

A est au bureau de poste.
B va être livré dans l'après-midi.
C vient d'Autriche.
D est extrêmement grand.

6 Comme il va faire chaud on va

A annuler le pique-nique.
B à la mer.
C se baigner.
D rentrer tôt.

Feuille de réponses

0	A ☐	B ☐	C ☐	D ☒
1	A ☐	B ☐	C ☐	D ☐
2	A ☐	B ☐	C ☐	D ☐
3	A ☐	B ☐	C ☐	D ☐
4	A ☐	B ☐	C ☐	D ☐
5	A ☐	B ☐	C ☐	D ☐
6	A ☐	B ☐	C ☐	D ☐

Wenn du deine Lösungen auf ein Extrablatt schreibst, kannst du die Übungen unbegrenzt wiederholen.

Tâche 2 SÉJOUR AU PAIR MULTIPLE CHOICE (B1)

Lisez les conseils pour **un séjour au pair heureux**, puis décidez quelle est la réponse correcte (A, B, C ou D) pour chaque question (1-6). Mettez une croix dans la bonne case sur la feuille de réponses. La première réponse est donnée en exemple.

Fotolia.com/auremar

Partir au pair: les 8 commandements pour réussir son séjour

Chaque année, des milliers de jeunes Français partent faire un séjour au pair à l'étranger. Bon plan pour pratiquer une langue vivante, voyager et prendre un peu d'indépendance, cette expérience nécessite toutefois une préparation.

1. Avoir déjà une solide expérience en baby-sitting
Un séjour au pair, c'est travailler dans une famille d'accueil à l'étranger en échange du gîte, du couvert et d'un peu d'argent de poche. Vous devez, la plupart du temps, vous occupez des enfants, entre 25 et 40 heures par semaine. «Il est important d'avoir déjà eu plusieurs expériences de gardes d'enfant, car c'est souvent l'activité à plein-temps qui est demandée. Un séjour au pair n'est pas seulement un séjour linguistique.»

2. Passer par une agence
Il est souvent conseillé de passer par une agence pour se rassurer sur le sérieux de la famille, mais aussi des missions qui vous seront demandées. «C'est une garantie contre les mauvaises surprises à l'arrivée et la possibilité de pouvoir changer de famille en cas de problème», souligne Fanny, 24 ans.

3. Bien choisir sa famille
Manon, au pair en Australie, conseille de «davantage s'intéresser au profil de la famille et à ses centres d'intérêt qu'à l'aspect géographique. Et ne pas hésiter à leur poser un maximum de questions avant de partir».

«Il faut bien se renseigner sur la famille d'accueil, faire plusieurs échanges sur Skype avec eux, parler de la personnalité des enfants, demander à voir la chambre où l'on va séjourner, parler de l'argent de poche reversé, des tâches ménagères précises à effectuer, des jours de repos ...», liste Océane, 21 ans, au pair à Norwich (Angleterre).

4. Économiser avant le départ
Si vous voulez profiter de votre séjour, «mettez beaucoup d'argent de côté pour pouvoir voyager sur place!», conseille Émilie, 21 ans, au pair en Nouvelle-Zélande. L'argent de poche ne suffira pas en effet à satisfaire votre soif de découvertes.

5. Sortir de la maison d'accueil
Si entretenir de bonnes relations avec la famille d'accueil est une priorité, il ne faut pas pour autant rester enfermé. «La plupart des jeunes filles au pair se retrouvent dans une même ville. Mais il vaut mieux éviter de rester entre Françaises pour approfondir son anglais et également faire l'effort de nouer des liens avec des locaux», assure Stéphanie, partie en 2014 au pair à Boston (Massachusetts, États-Unis).

6. S'adapter à la culture locale
«Partir au pair, ce n'est pas vivre à la française à l'étranger, on part en immersion complète, il faut donc s'adapter», prévient Juliette Grynbaum de l'agence Europair. Vous vivez 24 heures sur 24 avec la famille, mais vous devez surtout prendre en compte les différences culturelles dans votre manière de gérer les enfants.

7. Devenir la « grande sœur » ou le « grand frère »

Dans la plupart des familles, le jeune au pair est considéré comme un membre de la famille.
« Je garde 4 enfants, mais la mère est souvent là ; je discute souvent avec elle. Je participe aux activités familiales (parc d'attractions ...). Je suis considérée comme une grande sœur », témoigne Manon.

8. Faire reconnaître ses progrès linguistiques

Beaucoup de jeunes filles au pair profitent de leur séjour pour prendre des cours de langue sur place. « C'est important d'optimiser son séjour en passant un examen de validation des acquis linguistiques, avec un test, car c'est plus facile d'avoir de bons résultats quand on baigne dans la langue. C'est aussi un plus dans votre CV à votre retour », insiste Anne Rougier.

315 mots

Delphine Dauvergne: Partir au pair: les 10 commandements pour réussir son séjour. L'Etudiant. Veröffentlicht am 11.03.2016.
Abrufbar unter: http://www.letudiant.fr/etudes/international/10-commandements-pour-reussir-son-sejour-au-pair.html (Stand: 1.6.2017)

0 Avant de partir à l'étranger il faut

A perfectionner la langue du pays.
B suivre un cours de cuisine.
C passer un examen en gardes d'enfant.
D bien préparer son voyage.

1 Pour trouver une famille d'accueil il vaut mieux

A consulter les sites sur Internet.
B répondre à une petite annonce.
C s'adresser à une organisation.
D aller à une agence de voyage.

2 L'aspect le plus important d'un séjour au pair est

A le lieu où la famille habite.
B le nombre d'enfants.
C le trait caractéristique de la famille.
D l'argent qu'on reçoit.

3 Pour profiter un maximum de son séjour il faut

A passer tout son temps avec la famille d'accueil.
B entretenir de bonnes relations avec ses compatriotes.
C économiser l'argent qu'on gagne.
D entrer en contact avec les gens du pays.

4 Pendant un séjour au pair on doit

A oublier son pays d'origine.
B travailler jour et nuit.
C accepter un autre mode de vie.
D imposer son propre style.

5 En tant qu'au pair on

A est considéré comme un domestique.
B est traité comme un étranger.
C se sent comme un parent.
D a souvent le mal du pays.

6 À la fin d'un cours de langue les filles au pair

A peuvent passer un examen.
B parlent comme les gens du pays.
C se présentent à un concours.
D savent traduire leur CV.

Feuille de réponses

0	A ☐	B ☐	C ☐	D ☒
1	A ☐	B ☐	C ☐	D ☐
2	A ☐	B ☐	C ☐	D ☐
3	A ☐	B ☐	C ☐	D ☐
4	A ☐	B ☐	C ☐	D ☐
5	A ☐	B ☐	C ☐	D ☐
6	A ☐	B ☐	C ☐	D ☐

Wenn du deine Lösungen auf ein Extrablatt schreibst, kannst du die Übungen unbegrenzt wiederholen.

Tâche 3 ENTRETIEN D'EMBAUCHE MULTIPLE CHOICE (B2)

Lisez le texte sur **les fautes à éviter lors d'un entretien d'embauche**, puis décidez quelle est la réponse correcte (A, B, C ou D) pour chaque question (1-7). Mettez une croix dans la bonne case sur la feuille de réponses. La première réponse est donnée en exemple.

Fotolia.com/Picture-Factory

Entretien d'embauche: les 8 erreurs à ne pas commettre

Lors d'un entretien, certains comportements peuvent être éliminatoires. Peu importe la qualité du CV et peu importe votre motivation.

Manquer de politesse / Arriver en retard
Il est très difficile de se défaire d'une mauvaise première impression. Il faut savoir qu'un entretien débute dès l'entrée dans l'entreprise: un candidat malpoli ou en retard sera automatiquement catalogué sans-gêne par le recruteur.

Style vestimentaire
On ne pourra jamais vous reprocher d'en avoir trop fait: à la question «dois-je mettre une cravate / un tailleur?», dans le doute, privilégier toujours le oui. Même si l'entreprise est réputée «jeune et décontractée», vous devez paraître concerné et sérieux. Attention cependant à l'effet «pingouin», optez pour une veste / un tailleur dans lequel vous vous sentez à l'aise.

Faire paraître son stress
Le stress à l'approche d'un entretien est un état tout à fait normal. Il est très important de le maîtriser ou, tout du moins, de ne pas le laisser paraître. Les recruteurs ne manqueront pas de noter vos moindres «tics» nerveux et sentiront tout de suite si vous n'êtes pas à l'aise. Il existe de nombreux exercices de relaxation qui peuvent vous aider à appréhender cette situation.

Raconter sa vie
On aborde ici l'inverse de l'erreur précédente: l'entretien avance, vous vous sentez de plus en plus à l'aise. Mais attention de ne pas tomber dans l'excès de familiarités et de ne pas vous attarder sur votre vie personnelle! C'est le recruteur qui doit diriger la discussion: n'abordez des sujets personnels seulement s'il vous y invite.

Réciter son CV
Il est très important de maîtriser son parcours et de savoir en parler. Cependant, évitez de répondre de manière trop rapide et surtout, d'avoir l'air de connaître votre CV par cœur. Autrement dit, lorsque vous préparez votre entretien, pensez aux grandes lignes mais ne mémorisez pas vos réponses. Avoir l'air naturel est primordial! Essayez aussi d'adapter votre discours à la personne en face de vous et à l'entreprise ... selon les attentes décrites dans l'annonce d'emploi ou de stage, à vous de mettre en valeur LA partie du CV qui fera mouche!

Aborder la rémunération trop tôt
Les questions du type «Quelle rémunération proposez-vous?» ou «Combien de jours de RTT pourrai-je poser?» sont à proscrire durant le premier entretien. Car, même si ces avantages sont des éléments à prendre en compte, ils ne seront abordés que si le recruteur est intéressé par votre candidature et vous propose un nouvel entretien.

Ne pas connaître l'entreprise
Trop souvent, les candidats omettent de se renseigner sur l'entreprise. Lire l'annonce n'est pas suffisant. Connaître le poste mais aussi l'entreprise et son secteur vous permettront de ne pas rester sans voix devant le recruteur et d'échanger avec lui, de lui montrer que le poste est déjà entre vos mains et qu'il vous intéresse ... A l'heure d'Internet, vous n'avez plus aucune excuse!

Ne pas avoir de questions à poser

A la fin d'un entretien, un «bon recruteur» vous demandera toujours si vous avez des questions à poser. C'est souvent une étape délicate pour le candidat mais rester muet n'est pas la solution. Une question, même simple, traduira votre intérêt pour le poste et la société. Vous pouvez par exemple poser une question sur l'organigramme et la structure de la société.

566 mots

Gabriel Jaquemet: Entretien d'embauche : les 10 erreurs à ne pas commettre. Le Parisien, Etudiant Aujourd'hui am 27.2.2013.
Abrufbar unter: http://etudiant.aujourdhui.fr/etudiant/info/entretien-embauche-10-erreurs.html (Stand: 1.6.2017)

0 Le recruteur se fait une image du candidat

A au cours de l'interview.
B quand le candidat sort.
C quand il relit le CV.
D dès le premier contact.

1 En ce qui concerne les vêtements il vaut mieux

A porter quelque chose de très élégant.
B s'habiller au dernier cri.
C arriver en tenue légère.
D porter quelque chose de confortable.

2 Pendant l'entretien il est recommandé de

A montrer sa nervosité.
B se contrôler.
C fumer pour rester calme.
D dire qu'on est stressé.

3 Le candidat devrait

A prendre le relais dans l'interview.
B parler beaucoup de sa vie personnelle.
C raconter des anecdotes privées.
D se conformer au recruteur.

4 Le recruteur attend du candidat qu'il

A réponde très rapidement.
B cite son curriculum.
C se rapporte à l'avis de recrutement.
D ait appris ses réponses par cœur.

5 Lors d'une première interview il faut éviter de

A parler de son dernier emploi.
B poser des questions.
C se montrer enthousiaste.
D se renseigner sur la paie.

6 Avant l'entretien le candidat devrait

A s'informer intensément sur l'emploi.
B relire l'annonce plusieurs fois.
C visiter le site de production.
D contacter le recruteur.

7 À la fin d'un entretien d'embauche il vaut mieux

A rester silencieux et passif.
B quitter aussitôt le bureau du recruteur.
C interroger le recruteur sur l'entreprise.
D demander si on est accepté.

Feuille de réponses

0	A ☐	B ☐	C ☐	D ☒
1	A ☐	B ☐	C ☐	D ☐
2	A ☐	B ☐	C ☐	D ☐
3	A ☐	B ☐	C ☐	D ☐
4	A ☐	B ☐	C ☐	D ☐
5	A ☐	B ☐	C ☐	D ☐
6	A ☐	B ☐	C ☐	D ☐
7	A ☐	B ☐	C ☐	D ☐

Wenn du deine Lösungen auf ein Extrablatt schreibst, kannst du die Übungen unbegrenzt wiederholen.

Tâche 4 L'ARGENT DE POCHE MULTIPLE MATCHING (A2)

Lisez les entrées que plusieurs gens ont postées sur le site étudiant.fr. Le thème actuel est **Les jeunes et l'argent**. Puis trouvez le bon titre (A–H).

Fotolia.com/grafikplusfoto

L'argent de poche

0 F

NADINE
Je m'appelle Nadine et j'ai 14 ans. Mon père ne me donne pas assez d'argent de poche. Il m'achète tout quand nous allons faire du shopping et il paie aussi pour toutes mes factures mais il ne veut pas me donner plus d'argent de poche. Pour mon anniversaire ma tante et ma grand-mère me donnent toujours de l'argent mais je dois le placer à la banque. Donc je n'ai presque pas d'argent à ma disposition.

1 ______

Madame DUPONT
J'ai trois enfants qui ont 13, 15 et 16 ans. Nous ne sommes pas riches mais je crois qu'il est important de donner de l'argent de poche aux enfants quand ils grandissent et ont disons 14 ans. Il faut les préparer à des comportements responsables face à l'argent. Ainsi, les enfants apprennent la valeur des choses. En même temps les enfants deviennent indépendants et ils apprennent aussi qu'on ne peut pas tout avoir.

2 ______

PIERRE
J'ai 17 ans et mes parents ne me donnent pas assez d'argent de poche. J'aime bien aller au club de fitness, faire du sport, sortir etc. mais tout cela coûte cher. Je vais au lycée et je ne gagne pas d'argent. J'ai donc décidé de trouver un petit travail. Maintenant je travaille à la caisse dans un supermarché chaque samedi. Je gagne assez d'argent pour acheter des petits cadeaux pour ma copine et pour sortir samedi soir avec mes copains.

3 ______

Monsieur LENOIR
Je travaille dans une banque et je crois qu'on doit expliquer aux enfants très tôt comment gérer l'argent. Si on achète tout à l'enfant, il sera difficile pour l'enfant de reconnaitre la valeur de l'argent. Donnez une petite somme à votre enfant et dites-lui d'utiliser cette somme d'une manière raisonnable. Ainsi, l'enfant va apprendre doucement l'organisation de son budget.

4 ______

MARIE
J'ai 16 ans et je reçois de l'argent de poche chaque semaine. Le problème est que l'argent ne suffit jamais. Mes amies ont beaucoup plus d'argent que moi. Quand je veux aller au cinéma avec mes amis, je dois demander à ma mère de me donner un peu plus d'argent. Toutes mes amies reçoivent assez d'argent de poche pour aller au café ou au McDo. C'est vraiment gênant et cela m'énerve beaucoup. Je ne sais pas comment je peux résoudre mon problème.

5 ______

CHARLES
J'ai 15 ans et mes parents ont commencé à me donner de l'argent de poche quand j'avais 10 ans. Peu à peu ils ont augmenté la somme et je peux dire que je n'ai jamais eu de problèmes. J'ai toujours assez d'argent pour me payer ce que je veux. Le week-end je sors avec mes amis. Quand je suis invité à une fête d'anniversaire j'ai toujours assez d'argent pour acheter un petit cadeau. Je crois que mes parents m'ont bien appris comment organiser mon budget.

6 ______

Madame AENT
Moi, je suis professeur dans un lycée et je peux dire que la plupart de mes élèves reçoivent de l'argent de poche de leurs parents régulièrement. La majorité des jeunes disposent même de beaucoup d'argent. Quand nous faisons une excursion ou un voyage scolaire, les adolescents dépensent tant d'argent. Je crois que faire du shopping est l'activité préférée de beaucoup de jeunes. Je suis d'avis que les parents donnent trop d'argent à leurs enfants.

472 mots

A	J'ai l'habitude de gérer mon argent de poche.
B	Les jeunes devraient recevoir plus d'argent.
C	Mes parents ne sont pas généreux.
D	J'ai assez d'argent grâce à ma propre initiative.
E	Il faut donner de l'argent aux enfants plus âgés.
F	Quand je reçois de l'argent je dois l'économiser.
G	On devrait donner de l'argent même à un jeune enfant.
H	Les jeunes ne font pas d'économies.

0	1	2	3	4	5	6
F						

Wenn du deine Lösungen auf ein Extrablatt schreibst, kannst du die Übungen unbegrenzt wiederholen.

Tâche 5 LE FAST-FOOD MULTIPLE MATCHING (B1)

Lisez le texte sur **la restauration rapide et son influence sur la santé**. Il manque certains éléments. Choisissez les éléments corrects (A–J) pour chaque blanc (1–7). Il y a deux éléments dont vous n'avez pas besoin. Écrivez vos réponses dans les cases prévues sur la feuille de réponses. La première réponse (0) est donnée en exemple.

Fotolia.com/Syda Productions

Les effets réels du fast-food

Les chaînes de restauration rapide n'ont pas la vie facile ces jours-ci. Menacées de poursuites, accusées de toutes parts de dommages sur la santé et l'environnement, boycottées par différents groupes de pression, elles tentent de plus en plus d'élaborer des menus santé ou de nous convaincre des bienfaits de leurs produits. Mais qu'en est-il vraiment ?

Des résultats contradictoires

Dans son documentaire à succès Super Size Me, le réalisateur Morgan Spurlock décide de **(0)** ______ pendant un mois. Il prend alors 11 kg et augmente son taux de cholestérol de 0,65 gramme par litre de sang. Pourtant, une étude semblable a démontré, à l'inverse, qu'il était possible de maigrir !

Certaines chaînes prétendent **(1)** ______ qui correspond aux exigences du Guide alimentaire canadien. Vérité ou marketing ? Force est de constater que le fast-food demeure très nocif pour la santé. Voici quelques explications et chiffres qui vous feront perdre l'appétit ...

Quelques chiffres à l'appui

Entre 5 et 6 millions de personnes âgées de 20 à 64 ans souffriraient d'obésité au Canada. C'est presque le tiers de la population. En 2000, les obèses composaient moins de 15 % de la population.

Chez les enfants, le pourcentage s'élève à 20 % alors qu'il était de 10 % en 2000 et seulement de 2 % en 1981 !

Une question de calories

En général, un adulte se doit de **(2)** ______. Or, un simple petit dîner dans une chaîne de restauration rapide pourrait bien **(3)** ______ !

À titre d'exemple, un hamburger double avec sauce et fromage, une frite et une boisson gazeuse contiennent à eux seuls 1400 calories et 58 grammes de gras (alors qu'il faut en prendre au maximum 65 par jour). Une pizza au pepperoni ? 800 calories et 39 grammes de gras.

Dans un autre restaurant populaire, qui prétend **(4)** ______, un sandwich aux boulettes de viande contient pas moins de 1000 calories et 33 grammes de gras !

Il est vrai qu'il est possible de **(5)** ______ dans ce genre de restaurant, mais pour ce faire, il vous faudra couper sur la mayonnaise et les sauces grasses, prendre un pain de blé entier et évidemment refuser la boisson gazeuse et le sac de croustilles. Plus facile à dire qu'à faire !

Bien manger pour rester en santé !

Une bonne frite ou un bon hamburger une ou deux fois par mois n'a rien de dramatique. Tout est une question de dosage.

Au lieu d'une visite dans un resto de malbouffe, passez chez le boucher **(6)** ______ . Prenez au passage des pains hamburger de blé entier. Sur le chemin, un petit arrêt à la fruiterie pour **(7)** ______ et de la laitue, quelques patates pour les frites qu'on fera cuire au four avec un peu d'huile d'olive. Pour boire, un bon verre de jus de légumes et un pichet d'eau fraîche feront le bonheur de toute la famille. Et voilà sur votre table de cuisine un bon trio hamburger, frite et boisson tout aussi délicieux et santé !

Blaise Guillotte, rédacteur Canal Vie

517 mots

Blaise Guillotte: Les effets réels du fast-food. Canal Vie.
Abrufbar unter: http://www.canalvie.com/sante-beaute/nutrition/infos-et-conseils/les-effets-reels-du-fast-food-1.796600 (Stand: 1.6.2017)

A	offrir un menu santé
B	manger de 2000 à 2500 calories/jour
C	acheter du pain complet
D	servir un menu calorique
E	acheter des tomates fraîches
~~F~~	se nourrir exclusivement chez McDo
G	être un restaurant fast-food santé
H	combler ces besoins en un seul repas
I	manger de manière équilibrée
J	acheter une viande de qualité

0	1	2	3	4	5	6	7
F							

Wenn du deine Lösungen auf ein Extrablatt schreibst, kannst du die Übungen unbegrenzt wiederholen.

Tâche 6 LA GASTRONOMIE FRANÇAISE MM (B2)

Lisez le texte sur **la gastronomie française**. Il manque certains éléments. Choisissez les éléments corrects (A–K) pour chaque blanc (1–8). Il y a deux éléments dont vous n'avez pas besoin. Écrivez vos réponses dans les cases prévues sur la feuille de réponses. La première réponse (0) est donnée en exemple.

panthermedia.net/Cienpies Design

Quelle est la place de la gastronomie française dans le monde?

Tout d'abord chaque pays possède ses spécialités culinaires qui définissent leur identité. La France elle, **(0)** ______ grâce à des mets de choix. En effet en France l'action de manger est considérée comme un rituel du bonheur et non un besoin auquel il faut répondre sans prendre de plaisir. Les Français **(1)** ______, même si aujourd'hui la durée d'un repas est d'environ une demi-heure, lors de fêtes ou autres occasions on accorde bien plus de temps au repas.

Si cette cuisine est aujourd'hui considérée comme l'une des plus raffinées du monde c'est parce qu'elle est perçue à l'étranger comme un luxe qui **(2)** ______. Les meilleurs chefs du monde se doivent de maîtriser cette cuisine, certains **(3)** ______ dans les plus grandes écoles de cuisine de France (Ferrandi, Institut Paul Bocuse) avant de repartir pour les Etats-Unis. Ce savoir-faire français possède une influence majeure dans le monde de la gastronomie occidentale, la majorité des écoles de cuisine occidentales **(4)** ______. D'après le chef cuisinier Massimo Bottura: «Apprendre les traditions et les techniques culinaires françaises s'avère indispensable pour tout chef contemporain, qu'il soit chinois, italien ou sud-américain.»

Comment la gastronomie française s'est-elle exportée dans le monde? La cuisine française a fait ses premières incursions en Amérique au début du siècle. Elle s'est implantée là-bas avec l'aide des chefs français qui se sont exportés à l'étranger et **(5)** ______. On dénombre 77 restaurants français rien qu'à Los Angeles, on en compte autant dans le reste des grandes villes mondiales. En 1961 René Verdon, un chef français **(6)** ______ pour le président Kennedy. La cuisine française s'est également implantée en Asie qui est un continent où la gastronomie française est appréciée, ainsi au Japon on **(7)** ______. La France exporte non seulement son savoir-faire mais également différents produits qu'elle exporte, notamment des produits haut de gamme comme le vin, le fromage, le champagne, les croissants, le chocolat, la charcuterie, le beurre, les escargots, le foie gras; en Allemagne, Belgique, Italie, Etats-Unis, Algérie, Japon etc ...

Le repas gastronomique français a été inscrit sur la liste représentative du patrimoine culturel immatériel de l'humanité le 16 novembre 2010 par l'UNESCO. C'est la première fois que des traditions culinaires sont inscrites dans cette liste. La gastronomie française **(8)** ______ dans le monde par sa transmission du savoir et de ses produits.
Si la gastronomie française s'exporte si bien et est importante à maîtriser qu'en est-il du «goût» français? S'exporte-t-il lui aussi avec la gastronomie française?

460 mots

http://villavoice.fr/publi2015/quelle-est-la-place-de-la-gastronomie-francaise-dans-le-monde/ (Stand: 1.6.2017)

A	prennent leur repas autour d'une table
B	viennent même étudier
C	compte plus de 5 000 restaurants
D	est convié à la maison blanche
E	possède donc une influence majeure
F	a acquis sa renommée mondiale
G	a publié un livre de cuisine
H	prennent pour base la gastronomie française
I	est réservé à une élite
J	ont ouvert des restaurants de haute gastronomie
K	a ouvert une grande école de cuisine française

0	1	2	3	4	5	6	7	8
F								

Wenn du deine Lösungen auf ein Extrablatt schreibst, kannst du die Übungen unbegrenzt wiederholen.

RAUM FÜR NOTIZEN:

Tâche 7 UN VOYAGE AU MAROC NOTE FORM (A2)

Lisez **le blog sur un voyage au Maroc**. Complétez les phrases (1–7) en 4 mots au maximum. Écrivez vos réponses dans les cases prévues. La première réponse (0) est donnée en exemple.

Fotolia.com/monticellllo

Mon récit de voyage à Marrakech

Aurélie 16 janvier 2014 Récits de voyages
Marrakech est une ville à visiter absolument lors d'un voyage au Maroc. J'en garde d'excellents souvenirs et je recommande donc vivement d'y passer un ou deux jours lorsque l'on a la chance de visiter le Maroc.

Mon ami et moi, nous avons visité Marrakech il y a quelques mois, lors de notre tour du sud marocain. Cette ancienne ville impériale dispose d'un héritage historique important, notamment parce que de multiples dynasties se sont succédées : les Almohades, les Almoravides et les Saadiens.

Le matin, nous avons commencé la visite de Marrakech au jardin de la Ménara, situé à proximité du centre-ville. Sur la route, j'ai été surprise de découvrir la circulation dense de l'Avenue Mohammed V. Dans les jardins de la Ménara, on découvre une quarantaine de variétés d'oliviers, ainsi que le système d'irrigation mis en place, vieux de plus de 700 ans.

Ensuite nous sommes allés au palais de la Bahia. Ce bâtiment du 19e siècle vaut vraiment la peine d'être visité. A l'époque, c'était le palais le plus majestueux du Maroc. Aujourd'hui, une partie de ce palais de 8.000 m² est ouvert aux visites, accueille des expositions d'art et une autre partie privée sert d'hébergement pour la famille royale marocaine.

Nous nous sommes aussi rendus au musée des Beaux-Arts Dar SI-Saïd. Je ne suis pas très « musée » mais j'ai tout de même apprécié d'en découvrir un petit plus sur l'artisanat marocain et sur la culture. Il y a par exemple de jolies présentations de bijoux, de costumes et de poteries. D'autant que la décoration du Musée et le bâtiment qui l'abrite est plein de charme.

Pour découvrir pleinement cette ville impériale il faut voir le marché de Marrakech. Aux « souks » on peut apprécier le charme des objets traditionnels marocains. Il faut négocier les prix mais je ne supporte pas la pression de la part des commerçants. Ils feront par exemple tout pour vous vendre un T-shirt beaucoup trop petit.

Globalement, je garde de bons souvenirs de mon voyage à Marrakech. C'est une ville surprenante, vivante, à l'architecture merveilleuse. Un à deux jours permettent de découvrir les principaux attraits de Marrakech.

361 mots

Aurelie: Mon récit de voyage à Marrakech. 16.1.2014. Abrufbar unter: http://www.leprochainvoyage.com/mon-recit-de-voyage-marrakech/ (Stand: 1.6.2017)

0	Pour voir cette ville il faut programmer ______ .	*un ou deux jours*
1	Marrakech offre ces curiosités construites sous ______ .	
2	Le petit parc qu'ils ont visité se trouve près ______ .	
3	L'installation pour arroser les plantes a déjà ______ .	
4	Un château qu'ils ont vu date du ______ .	
5	Dans une section du bâtiment on peut regarder ______ .	
6	Dans le musée des Beaux-Arts on peut admirer ______ . (Donnez **une** réponse.)	
7	Pour voir la vie commerçante il faut aller ______ .	

Wenn du deine Lösungen auf ein Extrablatt schreibst, kannst du die Übungen unbegrenzt wiederholen.

RAUM FÜR NOTIZEN:

Tâche 8 PARTIR EN VACANCES MOINS CHER NOTE FORM (B1)

Lisez **les conseils pour passer des vacances moins chères**. Complétez les phrases (1–7) en 4 mots au maximum. Écrivez vos réponses dans les cases prévues. La première réponse (0) est donnée en exemple.

Fotolia.com/warpedgalerie

Cinq conseils pour partir en vacances moins cher

Logement

Couchsurfing:
Le couchsurfing est un service qui permet de se loger gratuitement. Le principe est simple, un site internet met en relation des voyageurs du monde entier qui cherchent / offrent des solutions d'hébergement. Votre hôte vous offre un bout de canapé, un lit ou un coin de parquet, contre rien en retour. À part, si vous le souhaitez, un bon repas ou un moment de convivialité.

Nightswapping:
Le nightswapping est le service tendance du moment pour les voyageurs économes. Le principe est simple: inscrivez votre logement et à chaque fois que ce dernier est réservé pour une ou plusieurs nuits, vous engrangez à votre tour des nuits offertes pour vos futurs voyages. Vous avez le choix entre proposer uniquement une chambre ou votre logement en intégralité. Il existe aussi un système d'échange pur et simple: sur une même période un utilisateur habite chez vous et vous logez chez lui. Si les échanges de nuits sont gratuits, le site fonctionne avec un système d'abonnement dont les prix oscillent entre 34,90 € et 149,90 €. Information importante: il n'est pas nécessaire d'être propriétaire de son logement pour faire du nightswapping.

Airbnb:
Airbnb propose de louer des hébergements entre particuliers. Plutôt que de payer cher une semaine en hôtel, avec Airbnb vous pouvez louer la maison / l'appartement d'un particulier. On y trouve de tout, à tous les prix: villas sur un lac, lofts, cabanes dans les bois ou seulement une chambre dans un appartement. Au total Airbnb propose plus de 300 000 logements dans 34 000 villes et 192 pays. Le site se rémunère avec une commission comprise entre 3 % et 12 %.

Auberge de jeunesse:
Comment choisir son auberge de jeunesse? Faut-il réserver longtemps à l'avance? Faut-il uniquement se fier au prix? Il est nécessaire de réserver son auberge avant de partir (surtout l'été). Croyez en l'expérience de l'auteur de ces lignes.

Le camping sauvage:
Les aventuriers trouveront sûrement leur compte dans le camping sauvage. Du camping sauvage, pourquoi pas, mais pas n'importe où! Sur le site-camping-sauvage.fr, une carte d'Europe est disponible avec tous les emplacements idéaux et leurs caractéristiques (en forêt, bord de mer, de lac, de rivière, point d'eau disponible, parking, ...).

389 mots

Cinq conseils pour partir en vacances moins cher. Veröffentlicht am 24.4.2014.
Abrufbar unter: http://jactiv.ouest-france.fr/vie-pratique/transport-voyage/huit-conseils-pour-partir-vacances-moins-cher-30147 (Stand: 1.6.2017)

0	Cette prestation de service fonctionne grâce à ______ .	*un site Internet*
1	Ce genre de logement est complètement ______ .	
2	Le service d'un véritable échange est offert par ______ .	
3	Pour l'utilisation du site on doit payer au moins ______ .	
4	Une autre plateforme est présente ______ . (Donnez **une** réponse)	
5	La plateforme est financée par ______ .	
6	On doit s'inscrire tôt si on veut séjourner dans ______ .	
7	Avant de planter votre tente informez-vous sur ______ .	

Wenn du deine Lösungen auf ein Extrablatt schreibst, kannst du die Übungen unbegrenzt wiederholen.

RAUM FÜR NOTIZEN:

Tâche 9 COMBATTRE LE STRESS NOTE FORM (B2)

Lisez **les conseils pour mieux lutter contre le stress**. Complétez les phrases (1–6) en 4 mots au maximum. Écrivez vos réponses dans les cases prévues. La première réponse (0) est donnée en exemple.

Fotolia.com/nasir1164

Combattre le stress avec des méthodes naturelles

Fatigue, angoisse, surmenage ... Vous cherchez à garder le moral en dépit des tensions? Si le stress est un mal moderne, notre époque n'en a pourtant pas l'exclusivité. Naturels, simples et efficaces, les remèdes de nos grand-mères n'ont pas pris une ride! Du bain aux infusions, retour sur des méthodes antistress aux vertus thérapeutiques, en toute simplicité.

Un bain antistress avec des plantes
Remède zéro stress par excellence, le bain relaxe aussi bien le corps que l'esprit. Une parenthèse de douceur qui relaxe vos muscles, évacue les tensions ... et vous fait oublier tous vos soucis dans les vapeurs d'un instant pour vous. Envie de booster votre bain de sérénité? Pensez aux huiles essentielles! Si nos grand-mères utilisaient les herbes de leur jardin, l'aromathérapie en tire le meilleur: gain de temps et effet maximal se concentrent en flacons miniatures, entièrement naturels. Basilic, cannelle, cumin, genièvre ou gingembre? Quelques gouttes de ces huiles essentielles antifatigues suffisent à noyer vos tensions dans l'eau du bain.

Des infusions naturelles pour gérer son stress
Vous luttez contre la déprime saisonnière avec des tisanes? Attention à sélectionner vos parfums en fonction de vos besoins ... Méthode traditionnelle aux vertus apaisantes, les infusions offrent leurs atouts aux corps fatigués et esprits surmenés: efficacité des plantes et douceur de la pause tisane opèrent des merveilles en période de stress. Pour lutter contre les tensions de la journée, optez pour des infusions de lavande ou de jasmin. Jetez une poignée de fleurs dans de l'eau bouillante et laissez infuser 10 minutes avant de savourer ... sans oublier de filtrer! Si le stress perturbe votre sommeil, combinez ces plantes avec la mélisse, la verveine ou la bergamote. Quant aux crises d'angoisse, calmez-les avec le tilleul.

Prendre son temps, le secret de nos grand-mères
Le secret n'en est pas un: le meilleur remède de nos grand-mères pour gérer la pression quotidienne était ... de prendre le temps. Un bien-être global favorisé non par la lenteur, mais par des pauses dignes de ce nom! Prenez exemple sur nos ancêtres et offrez-vous de véritables pauses-déjeuner. Quittez le bureau, asseyez-vous devant une table ... et donnez-vous le temps de manger. Savourez les aliments, buvez, mâchez lentement. Une pause de qualité soulage durablement votre stress. Et vous fournit, au passage, énergie et motivation pour aller au bout d'une journée intense.

389 mots

Cinq astuces de grand-mère pour lutter contre le stress. Veröffentlicht am 24.4.2015.
Abrufbar unter: http://madame.lefigaro.fr/bien-etre/cinq-astuces-de-grand-mere-pour-lutter-contre-le-stress-010115-2442 (Stand: 1.6.2017)

0	On peut toujours lutter contre le stress avec les méthodes ______ .	*de nos grand-mères*
1	Grâce à la valeur thérapeutique de l'eau on peut détendre ______ .	
2	Autrefois, pour aromatiser le bain on ajoutait ______ .	
3	Aujourd'hui les sels et les huiles de bain se vendent en ______ .	
4	Les substances aromatiques aident le baigneur à décontracter ______ .	
5	Une boisson chaude à base des plantes peut chasser ______ . (Donnez **une** réponse)	
6	Après avoir ajouté les herbes à l'eau chaude il faut attendre ______ .	
7	Au lieu de travailler sans arrêt il vaut mieux faire ______ .	

Wenn du deine Lösungen auf ein Extrablatt schreibst, kannst du die Übungen unbegrenzt wiederholen.

RAUM FÜR NOTIZEN:

Tâche 10 LOGEMENT VRAI / FAUX / JUSTIFICATION (B2)

Lisez le texte **sur le logement idéal des Français**. D'abord décidez si les affirmations (1 – 7) sont vraies (V) ou fausses (F) et mettez une croix ☒ dans la bonne case sur la feuille de réponses. Ensuite identifiez la phrase du texte qui motive votre décision. Écrivez les 4 premiers mots de cette phrase dans la case prévue. Il y a peut-être plusieurs réponses correctes, mais vous devez n'en donner qu'une seule. La première réponse (0) est donnée en exemple.

Fotolia.com/Syda Productions

De quel logement rêvent les Français ?

À en croire plusieurs études, la majorité des Français opteraient pour de grandes maisons avec jardin sans pour autant renoncer à une situation en centre-ville.

Une villa avec piscine ? Le charme des vieilles pierres avec un château ou plutôt un loft industriel ?
Plus modestement, les Français rêvent avant tout d'une habitation qui leur appartienne. D'après un récent sondage du site d'annonces immobilières Explorimmo (groupe Le Figaro), 90 % des personnes privilégient la propriété (contre 9 % optant pour la location et 1 % pour la colocation).

À une courte majorité, les sondés préfèrent choisir un logement neuf plutôt qu'ancien (52 % contre 48 %) et privilégient assez nettement la maison (à 45 %) tandis que 20 % préféreraient un appartement et 12 % un logement écologique. Cette dernière catégorie, apparue récemment, fait une percée remarquée dans les enquêtes.

La majorité des Français, une fois installés dans un nid douillet, souhaiteraient que celui-ci soit doté en priorité d'un jardin ou d'une véranda (55 % des personnes interrogées), d'un garage / parking (51 %) et d'une terrasse ou d'un balcon (41 %). Et pour que leur bonheur soit complet, les sondés voient grand et rêvent d'espace : ils sont 73 % à réclamer au moins 4 pièces (73 %) et plus de 150 m² (73 %). Preuve que rêve et réalité ne sont pas toujours faciles à concilier : ce logement spacieux et largement tourné vers l'extérieur devrait malgré tout se situer en ville (53 %) et si possible dans une grande ville (49 %). À l'intérieur de ce cocon douillet, à en croire une autre étude commanditée par le réseau d'agences immobilières Century 21 l'an passé, nous aimerions passer plus de temps au salon (48 %), en cuisine (15,6 %) et dans notre chambre (14,7 %). Et pour qu'il soit vraiment parfait, si nous disposions encore de 10 m² supplémentaires, la plupart d'entre nous choisiraient d'agrandir le salon (23 %), créeraient un bureau (22,5 %) ou une chambre (17,2 %).

Du rêve à la réalité
La famille Pastour, elle, a eu plus de chance : plutôt que de se contenter de rêver à sa maison idéale, elle a l'occasion actuellement d'en tester une pendant un an.

Dans le cadre d'un projet européen lancé par le groupe Velux, des familles sont sélectionnées dans cinq pays pour donner leurs impressions sur des réalisations architecturales innovantes.

Installée à Verrières-le-Buisson (Essonne), dans un écoquartier, la maison Air et Lumière doit combiner qualité de vie et vertus écologiques. Le bâtiment promet notamment de produire plus d'énergie (avec ses panneaux solaires) qu'il n'en consomme et sera inondé de lumière grâce à ses multiples baies vitrées représentant le tiers de la surface habitable.

Un soin particulier a aussi été apporté à la qualité de l'air grâce à une aération innovante mêlant ventilation double flux mécanique et ventilation naturelle. Fraîchement installée, cette famille de quatre personnes devrait alimenter un blog à l'adresse www.maisonairetlumiere.fr pour livrer ses impressions. L'occasion de vérifier si une maison de rêve est aussi une maison à vivre.

501 mots

Jean-Bernard Litzler: De quel logement rêvent les Français? Veröffentlicht am 20.09.2012.
Abrufbar unter: http://www.lefigaro.fr/immobilier/2012/09/20/05002-20120920ARTFIG00713-de-quel-logement-revent-les-francais.php
(Stand: 1.6.2017)

0	Les Français aiment mieux vivre dans leur propre logement.
1	La minorité des personnes interrogées choisirait une habitation récemment construite.
2	Plus de la moitié des sondés voudraient avoir un espace vert.
3	En général les Français préfèrent la vie à la campagne.
4	La pièce où les Français se trouvent le plus souvent est le lieu où ils préparent le repas.
5	La famille Pastour a tout-de-suite acheté sa maison de rêve.
6	Une entreprise de construction réalise un programme dans cinq pays différents.
7	La maison a été construite selon le principe du développement durable.

	V	F	**Les quatre premiers mots**
0	☒	☐	*Plus modestement, les Français*
1	☐	☐	
2	☐	☐	
3	☐	☐	
4	☐	☐	
5	☐	☐	
6	☐	☐	
7	☐	☐	

COMPRÉHENSION ORALE

INTRODUCTION

Ein Teilbereich der neuen **Standardisierten Reifeprüfung** an AHS und der **Standardisierten Reife- und Diplomprüfung** an BHS ist die Überprüfung des Hörverständnisses, ***Compréhension orale***. Die Art der Aufgabenstellungen sind mit den internationalen Zertifikatsprüfungen DELF, DALF und TELC vergleichbar.
Das bedeutet, dass du innerhalb von **40 Minuten** verschiedene Aufgaben zu vier voneinander unabhängigen Aufnahmen zu lösen hast. Es darf bei der *Compréhension orale* kein Wörterbuch verwendet werden.
Für eine positive Beurteilung musst du 60% der möglichen Punkte erreichen.

	Mögliche Aufgabenstellungen
Multiple Matching	Gezielte Informationen heraushören und den richtigen Fragen zuordnen
Multiple Choice	Verständnisfragen zum Inhalt des Hörtextes mit jeweils 4 Antwortmöglichkeiten
Note form	Sätze vervollständigen, Fragen beantworten mit bis zu maximal vier Wörtern

In diesem Übungsbuch werden Hörverständnisaufgaben in genau dem Format präsentiert, wie sie bei der schriftlichen Reifeprüfung bzw. Reife- und Diplomprüfung verwendet werden.

LES 10 RÈGLES D'OR POUR LA COMPRÉHENSION ORALE

Hier findest du eine Reihe von allgemeinen Richtlinien, die dir helfen sollen, die Aufgabenstellungen der *Compréhension orale* richtig anzupacken.

1. Faire une supposition

Bevor du die Aufgabenstellung genauer studierst oder dir die Aufnahme anhörst, solltest du immer versuchen, Vermutungen über den Inhalt der zu bearbeitenden Aufnahme anzustellen.

- Worum geht es?
- Verrät dir der Titel Näheres?
- Was weißt du bereits über das Thema?
- Welche französischen Wörter oder Phrasen könnten vorkommen?

2. Comprendre la tâche

Lies dir alle Aufgabenstellungen genau durch und versichere dich, dass dir völlig klar ist, was du zu tun hast.
Beachte, dass du bei **Note form** nicht mehr als **4 Wörter** für deine Antwort verwenden darfst. Grammatik und Rechtschreibung spielen hier eine untergeordnete Rolle. Solange die Wörter entsprechend zu identifizieren sind, gelten sie trotz Rechtschreib- oder Grammatikfehler als richtig. Schreib daher auch Wörter auf das Antwortblatt, bei deren Orthographie du dir nicht ganz sicher bist.
Lies dir bei **Multiple Choice** alle Optionen genau und konzentriert durch. Häufig sind die Antwortmöglichkeiten sehr ähnlich und du musst gut zuhören, um die drei falschen Optionen ausschließen zu können.
Bei **Multiple Matching** gibt es zwei Optionen, die nicht zugeordnet werden können. Es sind die sogenannten Distraktoren, die nur durch genaues Zuhören ausgeschlossen werden können.

3. Prédire le contenu

Das sorgfältige Durchlesen der Angabe lässt dich nun sicher schon genauer erahnen, worum es in der Höraufnahme geht. Versuche dir auch darüber klarzuwerden, welche Informationen gefragt sind oder fehlen. Bei Übungen, in denen einzelne Wörter einzusetzen sind, solltest du dir überlegen, welche Wortart ergänzt werden muss, damit die Sätze vollständig werden.

Für die Übungsbeispiele in diesem Buch solltest du dir entsprechend Zeit nehmen, um die gesamte Angabe gründlich durchzulesen. In der Testsituation ist die Zeit vor der Höraufnahme auf 45 Sekunden beschränkt. Versuche in dieser Zeit die Hauptpunkte der Aufgabenstellung zu erfassen. Die Zeit wird zu knapp bemessen sein, um die gesamte Angabe sorgfältig zu studieren.

4. Écouter – ❶

Hör dir die Aufnahme an und beantworte so viele Fragen wie möglich. Achte auf Schlüsselwörter! Bleib ruhig, selbst wenn es dir nicht gelingt, alle Aufgaben zu lösen – du hörst die Aufnahme ohnehin ein zweites Mal.

5. Compléter les notes

Vor dem zweiten Mal Anhören der Aufnahme solltet du deine Notizen vervollständigen.

- Ergänze, was du dir zwar gemerkt, aber noch nicht aufgeschrieben hast.
- Schreibe abgekürzte Wörter aus.

6. Écouter – ❷

Beim zweiten Anhören ergänze, was dir noch fehlt, und entscheide dich in Zweifelsfällen für **eine** Lösung.

7. Compléter la tâche et éliminer les réponses incorrectes

Vervollständige deine Antworten und versuche auch den Umkehrschluss: Frage dich nicht nur, warum eine bestimmte Antwortmöglichkeit hier passt, sondern auch, warum die anderen falsch sind.

8. Contrôler l'exactitude

Zum Abschluss lies dir noch einmal alle Aufgabenstellungen und Antworten durch und überprüfe die Rechtschreibung.

9. Deviner la bonne réponse

Lasse nie eine Frage unbeantwortet oder eine Lücke ungefüllt, auch wenn du die richtige Lösung einfach nicht heraushören konntest. Raten ist besser als nichts anzukreuzen oder einzufügen.

10. Vérifier l'intégralité de la tâche

Wirf noch einen letzten Blick auf die Aufgabenstellung und überprüfe, ob du auch wirklich alle Fragen beantwortet und alle Lücken gefüllt hast.

Wenn du eine Aufgabenstellung der *Compréhension orale* gemacht hast, dann solltest du dir die Aufnahme nochmals anhören und dabei im Lösungsheft den Text mitlesen. So werden manche unklare Stellen im Nachhinein klar und dein Hörverstehen wird von Mal zu Mal besser!

Hier geht es zu den Audiofiles für die Hörübungen!

1. Lade dir deine gratis „VERITAS Mediathek"-App im App Store (Apple) oder Play Store (Android) herunter.
2. Scanne dann den Code oder suche den Audiofile mithilfe der Suchfunktion.
3. Streame nun den Audiofile!

VERITAS MEDIATHEK

Du kannst die Audiofiles auch auf deinem PC anhören. Gib dazu den Link http://ds-fr-3-5.veritas.at/ ein.

Tâche 1 JEUNE FILLE AU PAIR MULTIPLE CHOICE (A2)

Vous allez entendre **une jeune fille parler de ses expériences comme fille au pair**. D'abord vous aurez 45 secondes pour lire l'exercice ci-dessous, puis vous entendrez l'enregistrement deux fois. Pendant l'écoute, décidez quelle est la réponse correcte (A, B, C ou D) pour chaque question (1–8). Mettez une croix ☒ dans la bonne case sur la feuille de réponse. La première réponse (0) est donnée en exemple.

Après la deuxième écoute, vous aurez 45 secondes pour contrôler vos réponses.

Fotolia.com/Dan Race

Jeune fille au pair

0 La jeune fille est de nationalité

A autrichienne.
B canadienne.
C suisse.
D française.

1 Elle fait son job

A à Vienne.
B depuis une demi-année.
C depuis 3 mois environ.
D en Allemagne.

2 Les enfants ont

A moins de 8 ans.
B plus de 10 ans.
C 6, 8 et 10 ans.
D 3, 6 et 8 ans.

3 Pour la jeune fille ses devoirs sont

A très fatigants.
B ennuyeux.
C trop exigeants.
D très beaux.

4 Le matin la jeune fille mange

A avec toute la famille.
B dans sa chambre.
C presque rien.
D au café.

5 Après le petit déjeuner elle s'occupe

A du ménage.
B de ses affaires.
C des enfants.
D de ses études.

6 Normalement la jeune fille passe la matinée

A à l'école.
B au cours d'allemand.
C avec d'autres filles au pair.
D aux magasins.

7 Sa journée de travail se termine

A à 6 heures du soir.
B après le dîner.
C avec le retour des parents.
D selon les besoins.

8 Pendant son séjour elle veut surtout apprendre

A la garde d'enfants.
B l'histoire du pays.
C l'allemand.
D la vie indépendante.

Wenn du deine Lösungen auf ein Extrablatt schreibst, kannst du die Übungen unbegrenzt wiederholen.

0	1	2	3	4	5	6	7	8
D								

Tâche 2 EXPÉRIENCES DE VACANCES MULTIPLE CHOICE (B1)

Vous allez entendre **deux jeunes parler de leurs vacances**. D'abord vous aurez 45 secondes pour lire l'exercice ci-dessous, puis vous entendrez l'enregistrement deux fois. Pendant l'écoute, décidez quelle est la réponse correcte (A, B, C ou D) pour chaque question (1–8). Mettez une croix ☒ dans la bonne case sur la feuille de réponse. La première réponse (0) est donnée en exemple.

Après la deuxième écoute, vous aurez 45 secondes pour contrôler vos réponses.

Fotolia.com/Frank Eckgold

Expériences de vacances

0 Pendant ses dernières vacances la jeune fille

A a fait un voyage.
B a suivi un cours de langue.
C a visité des monuments.
D a fait beaucoup de sport.

1 Pendant plusieurs heures elle

A est allée à bicyclette.
B a nagé dans un lac.
C a fait du jogging.
D a fait des promenades.

2 La jeune fille raconte qu'elle

A avait 4 semaines de vacances.
B fait beaucoup de sport chaque jour
C était ensemble avec ses amis.
D déteste prendre le soleil.

3 Pendant les vacances le jeune homme préfère

A rester à la maison.
B aller à la plage.
C faire un stage.
D faire beaucoup de sport.

4 Le dernier voyage du jeune homme

A s'est très bien passé.
B était vraiment reposant.
C était plutôt désagréable.
D a été repoussé d'une semaine.

5 Le vol réservé à Dubrovnik

A était en retard.
B était agité.
C lui avait coûté cher.
D était annulé.

6 La compagnie aérienne va probablement

A s'excuser auprès des passagers.
B rembourser les coûts.
C offrir des bons.
D déposer le bilan.

7 À une seule occasion le jeune homme

A a nagé dans la mer.
B a fait de la voile.
C s'est promené sur la côte.
D est allé à la pêche.

8 Le jeune homme raconte qu'il

A a fait du shopping.
B a bien mangé.
C a trouvé un bel hôtel.
D a fait des visites.

Wenn du deine Lösungen auf ein Extrablatt schreibst, kannst du die Übungen unbegrenzt wiederholen.

0	1	2	3	4	5	6	7	8
D								

Tâche 3 LA PUB MULTIPLE CHOICE (B1+)

Vous allez entendre **deux personnes parler de la pub**. D'abord vous aurez 45 secondes pour lire l'exercice ci-dessous, puis vous entendrez l'enregistrement deux fois. Pendant l'écoute, décidez quelle est la réponse correcte (A, B, C ou D) pour chaque question (1–7). Mettez une croix ☒ dans la bonne case sur la feuille de réponse. La première réponse (0) est donnée en exemple.

Après la deuxième écoute, vous aurez 45 secondes pour contrôler vos réponses.

Fotolia.com/Andrey Popov

La pub

0 Le jeune homme est en train de regarder

A une scène romantique.
B un thriller psychologique.
C un jeu télévisé.
D une scène passionnante.

1 La jeune fille trouve la publicité

A énervante.
B ennuyeuse.
C drôle.
D gênante.

2 Le jeune homme dit que la pub coupe un film

A à chaque demi-heure.
B une fois par heure.
C toutes les 10 minutes.
D au bout d'un quart d'heure.

3 Quand il y a de la pub à la télé elle propose de faire

A un appel téléphonique.
B très attention à la publicité.
C des travaux ménagers.
D son courrier électronique.

4 Pour la jeune femme la pub est

A souvent exagerée.
B une source d'inspiration.
C sans aucun effet.
D une pure manipulation.

5 Elle s'intéresse beaucoup

A aux articles de luxe.
B aux nouveaux vêtements.
C à la nouvelle technologie.
D à un mode de vie sain.

6 Dernièrement la pub l'a aidée à choisir

A une nouvelle robe.
B un service de livraison.
C un ustensile ménager.
D un appareil électrique moderne.

7 Par courriel le jeune homme a reçu

A une offre pour un vol à bon prix.
B une offre captivante d'un astrologue.
C trop peu de publicité.
D surtout du spam.

0	1	2	3	4	5	6	7
D							

Wenn du deine Lösungen auf ein Extrablatt schreibst, kannst du die Übungen unbegrenzt wiederholen.

Tâche 4 UN WEEK-END PLUVIEUX MULTIPLE MATCHING (A2+)

Vous allez entendre **un jeune homme qui parle d'une fin de semaine quand il pleut.**
D'abord vous aurez 45 secondes pour lire l'exercice ci-dessous, puis vous entendrez l'enregistrement deux fois. Pendant l'écoute, trouvez les éléments corrects dans la liste (A–H) pour compléter les phrases (1–5). Il y a deux éléments dont vous n'aurez pas besoin. Écrivez vos réponses dans les cases prévues sur la feuille de réponses. La première réponse (0) est donnée en exemple.

Après la deuxième écoute, vous aurez 45 secondes pour contrôler vos réponses.

Fotolia.com/Shmel

Un week-end pluvieux

0	Quand il fait mauvais temps le garçon aime ______.
1	Il profite de la pluie pour ______.
2	Ses parents lui proposent de ______.
3	Malgré la pluie le garçon adore ______.
4	Quand il pleut les gens préfèrent ______.
5	Ses parents lui permettent de ______.

A	faire une promenade dehors
~~B~~	relancer son ordinateur
C	voir seulement peu d'émissions télévisées
D	écrire ses exercices pour l'école
E	commencer la lecture d'un livre
F	réparer son vélo
G	rester dans leurs maisons
H	faire du vélo dans la forêt

0	1	2	3	4	5
B					

Wenn du deine Lösungen auf ein Extrablatt schreibst, kannst du die Übungen unbegrenzt wiederholen.

Tâche 5 UN ENTRETIEN D'EMBAUCHE MM (B1)

Vous allez entendre **une conversation entre un chef du personnel et une jeune fille qui veut faire un stage**. D'abord vous aurez 45 secondes pour lire l'exercice ci-dessous, puis vous entendrez l'enregistrement deux fois. Pendant l'écoute, trouvez les éléments corrects dans la liste (A–J) pour compléter les phrases (1–7). Il y a deux éléments dont vous n'aurez pas besoin. Écrivez vos réponses dans les cases prévues sur la feuille de réponses. La première réponse (0) est donnée en exemple.

Après la deuxième écoute, vous aurez 45 secondes pour contrôler vos réponses.

Fotolia.com/contrastwerkstatt

Un entretien d'embauche

0	Cécile Dupont est venue parce qu'elle veut ______.
1	La jeune fille est disponible pour ______.
2	Le chef du personnel lui demande de ______.
3	Après son examen final Cécile voulait ______.
4	La jeune fille est allée à l'étranger pour ______.
5	Grâce à un stage passé elle sait comment ______.
6	Pour le stage en question il est important de ______.
7	Finalement le chef du personnel peut ______.

A	faire plusieurs petits projets
B	gagner de l'expérience professionnelle
C	traiter les gens qui viennent au bureau
D	justifier la lacune dans son curriculum
E	améliorer ses connaissances de langue
F	obtenir un contrat à longue durée
G	se mettre au travail sans délai
H	offrir un travail pendant moins d'un mois
I	signer un contrat de remplacement
J	posséder des connaissances économiques

0	1	2	3	4	5	6	7
B							

Wenn du deine Lösungen auf ein Extrablatt schreibst, kannst du die Übungen unbegrenzt wiederholen.

Tâche 6 UN APPARTEMENT PARTAGÉ MM (B1)

Vous allez entendre **deux jeunes qui ont l'intention de louer un logement ensemble**.
D'abord vous aurez 45 secondes pour lire l'exercice ci-dessous, puis vous entendrez l'enregistrement deux fois. Pendant l'écoute, trouvez les éléments corrects dans la liste (A–J) pour compléter les phrases (1–7). Il y a deux éléments dont vous n'aurez pas besoin. Écrivez vos réponses dans les cases prévues sur la feuille de réponses. La première réponse (0) est donnée en exemple.

Après la deuxième écoute, vous aurez 45 secondes pour contrôler vos réponses.

Fotolia.com/Antonioguillem

Un appartement partagé

0	Lors de leur causerie les jeunes découvrent qu'ils vont ______.
1	Comme le logement est cher les deux jeunes veulent ______.
2	La proximité d'une station de métro serait importante pour ______.
3	Quant à l'espace, l'appartement devrait au moins ______.
4	La jeune fille exige aussi une salle de séjour pour ______.
5	Avant de louer un appartement ensemble il faut ______.
6	Chez lui le jeune homme doit régulièrement ______.
7	Comme la fille va étudier assidûment, elle offre de ______.
8	En ce qui concerne le programme à la télé, la fille préfère ______.
9	La jeune fille a l'habitude de ______.

A	disposer d'une pièce pour chaque personne
B	commencer leurs études dans la même ville
C	vivre en communauté
D	pouvoir recevoir ses copains
E	établir quelques règles
F	préparer un repas tous les mercredis
G	pouvoir se rendre au centre très vite
H	regarder les feuilletons télévisés
I	faire des travaux domestiques
J	voir les matchs de football
K	se laver avant de boire son café le matin
L	offrir trois chambres assez grandes

0	1	2	3	4	5	6	7	8	9
B									

Wenn du deine Lösungen auf ein Extrablatt schreibst, kannst du die Übungen unbegrenzt wiederholen.

RAUM FÜR NOTIZEN:

Tâche 7 MES VOISINS — NOTE FORM (A2)

Vous allez entendre **une jeune femme parler des gens qui habitent près de son appartement**.
D'abord vous avez 45 secondes pour lire l'exercice ci-dessous, puis vous entendrez l'enregistrement deux fois. Pendant l'écoute, répondez aux questions (1–8) en 4 mots au maximum. Écrivez vos réponses dans les cases prévues sur la feuille de réponses. La première réponse (0) est donnée en exemple.

Après la deuxième écoute, vous aurez 45 secondes pour contrôler vos réponses.

Fotolia.com/JackF

Mes voisins

0	La femme qui est à la retraite habite ______.	*au-dessus*
1	Les vêtements de cette dame sont ______.	
2	Ses animaux de compagnie, ce sont ______.	
3	La dame préfère voir des films ______. (Donnez **une** réponse.)	
4	La jeune femme qui habite en face s'occupe de ______.	
5	C'est une jeune femme qui a environ ______.	
6	La jeune femme aime bien mettre ______. (Donnez **une** réponse.)	
7	L'homme qui habite en face travaille comme ______.	
8	Cet homme est aimable mais il a un caractère ______.	

Wenn du deine Lösungen auf ein Extrablatt schreibst, kannst du die Übungen unbegrenzt wiederholen.

Tâche 8 VACANCES EN PROVENCE NOTE FORM (B1)

Vous allez entendre **deux personnes parler d'un projet de vacances**. D'abord vous avez 45 secondes pour lire l'exercice ci-dessous, puis vous entendrez l'enregistrement deux fois. Pendant l'écoute, répondez aux questions (1–8) en 4 mots au maximum. Écrivez vos réponses dans les cases prévues sur la feuille de réponses. La première réponse (0) est donnée en exemple.

Après la deuxième écoute, vous aurez 45 secondes pour contrôler vos réponses.

Fotolia.com/Rec

Vacances en Provence

0	La jeune fille attend ses connaissances ______.	*au mois de juillet*
1	Le jeune homme a séjourné en Provence pendant ______.	
2	Le nom de la ville rappelle à la fille ______.	
3	Pour les amateurs de l'art dramatique il y a ______.	
4	Un événement culturel du cinéma a lieu à ______.	
5	Une ville provençale moins renommée est connue pour ______.	
6	Les gens qui aiment le sport nautique peuvent ______. (Donnez **une** réponse.)	
7	La gastronomie provençale est célèbre pour ______. (Donnez **une** réponse.)	
8	Dans les montagnes provençales il y a des lieux qui datent ______.	

Wenn du deine Lösungen auf ein Extrablatt schreibst, kannst du die Übungen unbegrenzt wiederholen.

Tâche 9 CONSEILS DE VACANCES NOTE FORM (B1)

Vous allez entendre **deux personnes parler des possibilités de passer des vacances pas chères**. D'abord vous avez 45 secondes pour lire l'exercice ci-dessous, puis vous entendrez l'enregistrement deux fois. Pendant l'écoute, répondez aux questions (1–8) en 4 mots au maximum. Écrivez vos réponses dans les cases prévues sur la feuille de réponses. La première réponse (0) est donnée en exemple.

Après la deuxième écoute, vous aurez 45 secondes pour contrôler vos réponses.

Fotolia.com/photoillustrator.eu

Conseils de vacances

0	La jeune fille veut passer un séjour sur la côte mais elle a ______ .	*trop peu d'argent*
1	Comme moyen de transport le jeune homme lui propose ______ .	
2	La meilleure solution pour aller dans le Midi est d'acheter ______ .	
3	Quand le jeune homme a été sur la côte il a logé dans ______ .	
4	La jeune fille pourrait dormir dehors parce qu'elle possède ______ .	
5	La fille s'inquiète parce que faire du camping pourrait être ______ .	
6	Normalement les touristes qui campent sont ______ .	
7	Au lieu d'aller manger on a la possibilité de faire ______ .	
8	La jeune fille pourrait aussi se contenter de manger ______ .	

Wenn du deine Lösungen auf ein Extrablatt schreibst, kannst du die Übungen unbegrenzt wiederholen.

Tâche 10 LES FAST-FOODS NOTE FORM (B1)

Vous allez entendre **un père et une mère parler des habitudes alimentaires de leurs enfants**.
D'abord vous avez 45 secondes pour lire l'exercice ci-dessous, puis vous entendrez l'enregistrement deux fois. Pendant l'écoute, répondez aux questions (1–8) en 4 mots au maximum. Écrivez vos réponses dans les cases prévues sur la feuille de réponses. La première réponse (0) est donnée en exemple

Après la deuxième écoute, vous aurez 45 secondes pour contrôler vos réponses.

Fotolia.com/Alinute

Les fast-foods

0	La fille de Walter fréquente la restauration rapide ______.	*une fois par semaine*
1	Alice est d'avis que le fast-food est ______.	
2	La fille de Walter se réunit à table avec ses parents ______.	
3	Les plats que les fast-foods offrent manquent ______. (Donnez **une** réponse.)	
4	La fille de Walter mange trop peu quand elle prend le repas ______.	
5	Si le fils d'Alice mangeait au fast-food il préférerait ______.	
6	Selon Walter le fast-food correspond de plus en plus ______.	
7	Walter est d'avis que le service d'organiser une fête est ______.	
8	Le fast-food s'occupe de la nourriture et même ______.	

Wenn du deine Lösungen auf ein Extrablatt schreibst, kannst du die Übungen unbegrenzt wiederholen.

LA LANGUE DANS SON CONTEXTE

INTRODUCTION

Ein möglicher, nur für die AHS verpflichtender Teil der schriftlichen **Standardisierten Reifeprüfung** ist der Teil ***„La langue dans son contexte"***. Ähnliche Aufgabenstellungen gibt es auch bei den Prüfungen für die international anerkannten Zertifikate. Du hast 45 Minuten Zeit, um vier verschiedene Aufgaben zu lösen. Diese vier Texte sind ungefähr 200–350 Wörter lang und haben zwischen 10 und 14 Lücken. Du findest immer ein Beispiel zu Beginn der Aufgabe. Auch bei diesem Teil ist die Verwendung des Wörterbuches nicht gestattet.

	Mögliche Aufgabenstellungen
Multiple Choice	Du wählst die richtige von 4 Möglichkeiten aus. Achte sowohl auf Bedeutungsunterschiede von Vokabular als auch auf grammatikalische Feinheiten.
Wortbildung	Der Stamm eines Wortes steht in Klammer und durch Anhängen von Vor- und Nachsilben musst du die richtige Form bilden, die in den Text hineinpasst. Normalerweise musst du Nomen, Adjektive, Adverbien oder Verbformen bilden. Achte vor allem auf negative Vorsilben, wie z.B. *-im, -in, -il, -ir* oder Nachsilben wie z.B. *-ment, -ion, -age, -eur, -euse* usw. oder den Plural eines Wortes. Lies den Text genau, denn auch der Inhalt des Textes rund um die Lücken gibt dir Entscheidungshilfen.
Lückentext mit Antwortmöglichkeiten	Du wählst die richtige Antwort aus einem Pool aus – da stehen alle möglichen Antworten plus zwei Distraktoren, die im Anschluss an den Text in alphabetischer Reihenfolge angeordnet sind. Die Antworten dieses Pools können 1–3 Wörter lang sein.
Offener Lückentext	Die Vorgangsweise ist die gleiche wie beim Lückentext mit Antwortmöglichkeiten mit dem Unterschied, dass es keinen Pool gibt. Du musst also ein passendes französisches Wort finden, das in die Lücke passt. Es fehlt immer nur **ein** Wort.
Editieren	In einen Text sind zusätzliche Wörter eingefügt worden. Finde diese unnötigen bzw. falschen Wörter heraus. Es kann immer nur **ein** Wort pro Zeile sein. Ein paar Zeilen sind richtig.

RAUM FÜR NOTIZEN:

LES 8 RÈGLES D'OR POUR LA LANGUE DANS SON CONTEXTE

1. Lire le texte
Lies den Text einmal durch, damit du weißt, worum es geht. Beachte die Lücken vorerst gar nicht.

2. Relire le texte
Schau genau auf die Wörter, die vor und nach der Lücke stehen, ob sie dir einen Hinweis geben, welches Wort du brauchst. Probiere die Lücken zu vervollständigen.

3. Formation des mots
Verändere das Wort durch Hinzufügen der notwendigen Vor- und/oder Nachsilben.

4. Multiple Choice
Schau dir die 4 Möglichkeiten genau an und versuche die „falschen" drei zu eliminieren. Dafür kann es sowohl grammatikalische als auch lexikalische Gründe geben.

5. Relire le texte encore une fois
Überprüfe nochmals, ob deine Antworten in den Kontext passen, wenn du den kompletten Text liest.

6. Deviner la réponse
Lass keine Lücke leer. Wenn du dir unsicher bist, rate.

7. Contrôler l'orthographe de tes réponses.
Achte auf die richtige Schreibweise, vor allem bei *formation des mots* ist dieser Punkt wichtig.

8. Vérifier l'intégralité de la tâche
Kontrolliere, ob du alle Aufgaben gelöst und alle Lücken gefüllt hast.

Es ist bei dem Teil *„La langue dans son contexte"* extrem wichtig, auf die korrekte Rechtschreibung und auch auf das richtige Setzen der Akzente zu achten. Anders als bei den Teilen *„Compréhension écrite"* und *„Compréhension orale"*, wo beim Format *„Note form"* die hinzugefügten Wörter lediglich als vom Sinn her richtig erkennbar sein müssen, wird bei dem Teil *„La langue dans son contexte"* das hinzugefügte Wort nicht als richtig gerechnet, wenn es nicht genau den Rechtschreibregeln entspricht. So wird selbst das Weglassen oder falsche Setzen eines Akzentes als falsche Antwort gerechnet.

Es hat sich als sehr sinnvoll herausgestellt, immer Wortfamilien bei den Vokabeln zu lernen. Überlege dir daher beim Vokabellernen immer, wie z.B. das dazugehörige Verb zu einem Nomen lauten könnte. Zieh in Erwägung, wie man durch Umformung zur gegenteiligen Bedeutung bei einem Verb, einem Nomen oder einem Adjektiv gelangen könnte.

Auch die Grammatikkenntnisse kommen im Teil *„La langue dans son contexte"* wesentlich mehr zum Tragen als in den anderen rezeptiven Teilen. Überlege, welche Zeit oder welchen Modus ein bestimmter Kontext erfordert. Überprüfe, ob ein Nomen oder ein Verb im Singular oder im Plural zu stehen hat. Gleiche deine Wörter also dem Kontext auch in grammatikalischer Hinsicht an. Lege großes Augenmerk darauf, dass fehlende Verben richtig abgewandelt eingefügt werden.

Tâche 1 LETTRE D'UNE CORRESPONDANTE CANADIENNE MCQ (B1)

Lisez la **correspondance entre deux élèves**. Il y a des mots qui manquent. Choisissez la réponse correcte (A, B, C ou D) pour chaque blanc (1–14). Mettez une croix ☒ dans la bonne case sur la feuille de réponses. La première réponse (0) est donnée en exemple.

Fotolia.com/pololia

Lettre d'une correspondante canadienne

Chère Astrid,

Je m'appelle Michelle, c'est moi ta nouvelle correspondante canadienne. J'ai 16 ans et je suis de la ville de Québec. C'est dans **(0)** ______ du Québec. J'habite donc **(1)** ______ du Canada.
Chez **(2)** ______ on parle le français mais moi, je sais aussi parler anglais assez bien. Parfois je mélange le français et l'anglais. L'anglais c'est la langue maternelle de 8 % **(3)** ______. Le français n'est devenu la langue officielle du Québec **(4)** ______ 1977.

En hiver, il fait très froid dans notre région. Pour nous rechauffer nous allons au jacuzzi et après je prends toujours des bains de neige. La ville de Québec est vraiment assez **(5)** ______. Elle a été fondée en 1608 par Samuel de Champlain, **(6)** ______ français. Quand tu viendras me **(7)** ______ je pourrai te montrer le vieux château qui est dans le centre de la ville. Et toi? Il faut absolument que tu **(8)** ______ bientôt pour m'expliquer où tu vis et **(9)** ______ tu aimes faire pendant tes loisirs. Franchement, je ne sais pas beaucoup sur l'Autriche. J'espère donc que tu me raconteras un peu de **(10)** ______.

Moi, j'habite avec mes parents et mon frère Jean Paul qui a 14 ans dans un appartement assez grand près du centre de la ville. Mon frère et moi, on s'entend **(11)** ______ la plupart du temps. Des fois il a des drôles d'idées. Mais, bon, il est **(12)** ______ jeune que moi. Avant on vivait à la campagne mais maintenant mon père travaille **(13)** ______. On a déménagé **(14)** ______ trois ans.

J'attends avec impatience de tes nouvelles et j'espère qu'on pourra bientôt nous voir soit en Autriche soit au Canada.

À bientôt,
Michelle

285 mots

0	A	le département	B	la commune	~~C~~	la province	D	le pays
1	A	dans l'est	B	à l'est	C	près	D	autour
2	A	nos voisins	B	nous	C	eux	D	vous
3	A	des québécois	B	des jeunes	C	des immigrés	D	des touristes

4	A	qu'au	B	qu'en	C	qu'à	D	que
5	A	vieux	B	vieille	C	vieil	D	vieu
6	A	un explorateur	B	un philosophe	C	un écrivain	D	un architecte
7	A	visiter	B	rendre visite	C	téléphoner	D	contacter
8	A	m'appelles	B	m'écrives	C	skypes	D	viennes
9	A	ce qui	B	ce que	C	qu'est-ce que	D	qui
10	A	ton pays	B	tes amis	C	tes loisirs	D	ta famille
11	A	bien	B	bon	C	meilleur	D	mauvais
12	A	moins	B	autant	C	plus	D	aussi
13	A	en ville	B	à l'étranger	C	à la campagne	D	moins
14	A	avant	B	il y a	C	c'est	D	devant

0	A ☐	B ☐	C ☒	D ☐
1	A ☐	B ☐	C ☐	D ☐
2	A ☐	B ☐	C ☐	D ☐
3	A ☐	B ☐	C ☐	D ☐
4	A ☐	B ☐	C ☐	D ☐
5	A ☐	B ☐	C ☐	D ☐
6	A ☐	B ☐	C ☐	D ☐
7	A ☐	B ☐	C ☐	D ☐
8	A ☐	B ☐	C ☐	D ☐
9	A ☐	B ☐	C ☐	D ☐
10	A ☐	B ☐	C ☐	D ☐
11	A ☐	B ☐	C ☐	D ☐
12	A ☐	B ☐	C ☐	D ☐
13	A ☐	B ☐	C ☐	D ☐
14	A ☐	B ☐	C ☐	D ☐

Tâche 2 SOUVENIRS D'ENFANCE MULTIPLE CHOICE (B2)

Lisez le texte sur **les mémoires d'enfance d'une jeune femme**. Il y a des mots qui manquent. Choisissez la réponse correcte (A, B, C, ou D) pour chaque blanc (1–10). Mettez une croix ☒ dans la bonne case sur la feuille de réponses. La première réponse (0) est donnée en exemple.

MEV Verlag/Eckart Seidl

Souvenirs d'enfance

Je me souviens de cette période où je passais l'été à la plage. Tous les jours nous y partions avec un pique nique, des jouets et des chansons dans la tête.
La musique accompagnait **(0)** ______ été. On roulait les cheveux **(1)** ______ en chantant, j'étais assise entre les deux sièges pour mieux y voir. À **(2)** ______ époque nous ne portions pas de ceinture de sécurité, on était libre comme l'air.
Toute la journée **(3)** ______ dans la mer méditerranée sur ces rochers où j'ai grandi, bronzé, dans ces criques où j'ai appris à nager, plonger ... je n'avais pied nulle part, il fallait **(4)** ______ nager ... je n'ai jamais eu peur de me noyer, j'attrapais les crabes dans les rochers ...
Le seul danger c'était les oursins sur lesquels il ne fallait pas poser les pieds au risque de passer quelques heures à se faire tirer les épines et pleurer **(5)** ______ douleur.
Tout le monde faisait du monokini sans se poser le moindre problème, sans se poser **(6)** ______ question, c'était une nouvelle forme de liberté alors à cette époque!
Le bonheur **(7)** ______ à ça ... il n'y avait pas de contrainte ou si peu, il n'y avait pas de danger ou si peu.
Il n'y avait **(8)** ______ des rires, des choses simples, il n'y avait pas de téléphone portable, pas de jeux vidéos, peu de tentation finalement.
Je mangeais des glaces à l'eau et des bonbons **(9)** ______ de coquillage,
J'avais 10 ans, je passais mes vacances à la plage à quelques kilomètres de notre maison, c'était un peu chez **(10)** ______ sur ces rochers. Nous partions peu en vacances, mais ces rochers, cette côte bleue c'était mes vacances préférées!

300 mots

Virginie E.: Je me souviens, j'avais 10 ans à peine. (Texte adapté). Veröffentlicht am 30.7.2014.
Abrufbar unter: http://www.virginiebichet.org/2014/07/je-me-souviens-de-cette-periode-ou-je-passais-l-ete-a-la-plage-tous-les-jours-nous-partions-avec-un-pique-nique-des-jouets-et-des-ch (Stand: 1.6.2017)

0	A	nos	B	nous	C	notre	D	ma
1	A	au vent	B	en vent	C	sur vent	D	à vent
2	A	cet	B	ces	C	cette	D	ce
3	A	je sautais	B	j'ai sauti	C	je suis sautée	D	je saute
4	A	pouvoir	B	savoir	C	devoir	D	vouloir
5	A	pour	B	à	C	de	D	sous
6	A	des	B	une	C	un	D	aucune
7	A	paraissait	B	était	C	ressemblait	D	plaisait
8	A	que	B	pas	C	jamais	D	guère
9	A	en forme	B	sous forme	C	formés	D	formant
10	A	lui	B	moi	C	vous	D	soi

0	A ☐	B ☐	C ☒	D ☐
1	A ☐	B ☐	C ☐	D ☐
2	A ☐	B ☐	C ☐	D ☐
3	A ☐	B ☐	C ☐	D ☐
4	A ☐	B ☐	C ☐	D ☐
5	A ☐	B ☐	C ☐	D ☐
6	A ☐	B ☐	C ☐	D ☐
7	A ☐	B ☐	C ☐	D ☐
8	A ☐	B ☐	C ☐	D ☐
9	A ☐	B ☐	C ☐	D ☐
10	A ☐	B ☐	C ☐	D ☐

Tâche 3 LA FÊTE DU CITRON — FORMATION DES MOTS (B1)

Lisez le texte sur un **événement fêté sur la côte d'Azur chaque année**. Il y a des mots qui manquent. Utilisez le mot entre parenthèses pour former le mot qui manque pour chaque blanc (1–12). Écrivez vos réponses dans les cases prévues sur la feuille de réponses. La première réponse (0) est donnée en exemple.

Shotshop.com/anitasstudio

La Fête du Citron

La fête du citron est une manifestation festive traditionnelle organisée par l'Office de Tourisme qui se tient chaque année à la fin de l'hiver dans la ville de Menton. Cette fête est aussi **(0)** ______ **(appeler)** carnaval de Menton.
Ce carnaval particulier célèbre le citron de Menton aux qualités gustatives déclarées **(1)** ______ **(comparer)** d'où son nom : la fête du citron. Chaque année il y a beaucoup de touristes qui veulent voir **(2)** ______ **(tout)** les chars et sculptures présentés au carnaval qui sont créés à partir de citron et d'orange.
Cette fête a lieu **(3)** ______ **(durer)** le mois de février.
Depuis le milieu du xve siècle, la commune de Menton est un important **(4)** ______ **(produire)** de citron en Europe.
En 1895, des hôteliers **(5)** ______ **(proposer)** à la municipalité de créer un défilé carnavalesque pour animer la ville en hiver. Dès 1896, le carnaval de Menton séduit les habitants comme les touristes. À l'époque, il est de bon ton de venir **(6)** ______ **(passer)** les mois d'hiver sous le climat clément de la Côte d'Azur. Rois, princes et artistes fréquentent les palaces mentonnais ou se **(7)** ______ **(faire)** construire de splendides villas.
En 1928 un hôtelier a l'idée d'organiser une **(8)** ______ **(exposer)** privée de fleurs et d'agrumes dans les jardins de l'Hôtel Riviera. Le succès est **(9)** ______ **(tel)** grand que l'année suivante la municipalité reprend l'idée à son compte. Le terme « Fête du Citron » naît en 1934. C'est une fête populaire **(10)** ______ **(avoir)** pour thème les agrumes.
Les agrumes sont **(11)** ______ **(fixer)** sur des guirlandes de buis structurées sur des cages en fil de fer.
À la fin de **(12)** ______ **(ce)** fête, les fruits dont 90 % sont en bon état sont vendus à bas prix.
La fête n'a pas eu lieu pendant les années de guerre entre 1940 et 1946 et en 1991 à cause de la guerre Tempête du désert en Irak.

325 mots
https://fr.wikipedia.org/wiki/Fête_du_Citron (Stand: 1.6.2017)

0	*appelée*	7	
1		8	
2		9	
3		10	
4		11	
5		12	
6			

Tâche 4 LA DOMOTIQUE FORMATION DES MOTS (B2)

Lisez le texte sur **la maison automatique**. Il y a des mots qui manquent. Utilisez le mot entre parenthèses pour former le mot qui manque pour chaque blanc (1–10). Écrivez vos réponses dans les cases prévues sur la feuille de réponses. La première réponse (0) est donnée en exemple.

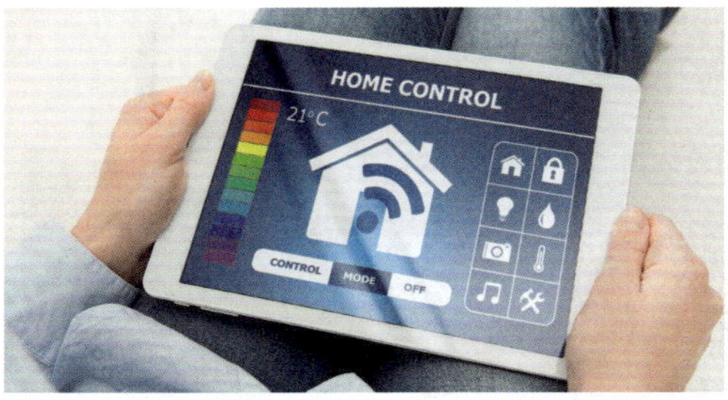

Fotolia.com/Redpixel

La domotique, principe et fonctionnement

Grâce à la domotique, la maison intelligente est une réalité. En quoi consiste la domotique? Que change **(0)** ______ **(vrai)** l'arrivée des systèmes électroniques dans la maison?

Définition de la domotique

Le terme est un peu obscur mais sa définition nous **(1)** ______ **(éclairer)** sur les propriétés de la domotique. Ce mot issu du latin «Domus», qui signifie maison, regroupe l'ensemble des techniques et technologies électroniques, informatiques et des télécommunications **(2)** ______ **(permettre)** d'automatiser et d'améliorer les tâches au sein d'une maison. Les appareils de la maison sont **(3)** ______ **(intégrer)** au sein de systèmes qui doivent communiquer entre eux afin de **(4)** ______ **(gérer)** des automatismes. Car la domotique milite avant tout pour l'amélioration du quotidien au sein de notre **(5)** ______ **(habiter)**. Elle couvre les portes automatiques, les systèmes de sécurité et de télésurveillance, le chauffage, la gestion de l'énergie, de l'équipement électroménager et audiovisuel ...

Comment ça marche?
Grâce au WIFI, aux ondes radio, à un réseau électrique ou à un système de câblage, vos équipements électriques communiquent entre eux, et sont commandés par un ordinateur central que vous aurez **(6)** ______ **(préalable)** programmé. Les informations sont **(7)** ______ **(véhiculer)** sur le réseau électrique de la maison. Des logiciels pouvant s'installer sur tout ordinateur pourvu de systèmes d'exploitation **(8)** ______ **(permettre)** de gérer l'ensemble des équipements techniques de votre maison (éclairages, volets, chauffages, systèmes de sécurité). Par exemple, si votre cafetière n'est pas équipée d'un **(9)** ______ **(programmer)**, en branchant un module entre la prise murale et le cordon de votre machine, il est possible de programmer de faire couler votre café au moment de votre **(10)** ______ **(réveiller)**. Avec du matériel plus évolué, c'est toute une série de situations en chaîne, appelées scénarios, qui est possible.

284 mots

Tiphaine Bodin: La domotique, principe et fonctionnement. Veröffentlicht am 13.10.2016.
Abrufbar unter: http://www.linternaute.com/bricolage/magazine/1335625-la-domotique-principe-et-fonctionnement/ (Stand: 1.6.2017)

0	*vraiment*	6	
1		7	
2		8	
3		9	
4		10	
5			

Tâche 5 LE SÉNÉGAL, UN PAYS FRANCOPHONE? ÉDITER (B1)

Lisez le texte sur **un pays d'Afrique**. Dans la plupart des lignes il y a un mot qui ne devrait pas y être. Écrivez ces mots dans les cases prévues sur la feuille de réponses. Cependant, 2 à 4 lignes sont correctes. Marquez ces lignes avec le symbole (✓). Deux réponses (0, 00) sont données en exemple.

Le Sénégal, un pays francophone?

Le territoire sénégalais est couvert par au moins une vingtaine de	**0**	✓
langues africaines. Elles en servent à la communication quotidienne de	**00**	*en*
communautés linguistiques dont la taille démographique est rarement	**1**	
variable. De ces langues de communication intra-ethnique a émergé	**2**	
le wolof ce qui est ainsi retenu comme langue nationale et	**3**	
langue d'alphabétisation, à côté de cinq les autres langues.	**4**	
Toutes ces langues nationales n'ont pas ici le même dynamisme sur	**5**	
l'étendue du territoire national. Certaines sont autant d'un usage	**6**	
majoritaire, soit dans une localité, soit dans une région.	**7**	
Seule la langue des wolof couvre au moins 80 % du	**8**	
territoire national comme sa première ou deuxième langue de	**9**	
communication. Les six langues nationales reconnues par le	**10**	
décret N° 71 566 du 21 mai de 1971 sont représentées dans la	**11**	
région de Dakar et autour surtout dans le chef-lieu de région.	**12**	
Dakar est devenu une véritable ville carrefour où ils	**13**	
convergent toutes les communautés linguistiques.	**14**	

155 mots

Moussa Daff: L'aménagement linguistique et didactique de la coexistence du français et des langues nationales au Sénégal. DiversCité Langues. En ligne, Vol. III, 1998 (Texte adapté). Abrufbar unter: http://www.teluq.uquebec.ca/diverscite/SecArtic/Arts/98/mdaff/mdaff_txt.htm (Stand: 1.6.2017)

Tâche 6 EMPLOI EN SUISSE ÉDITER (B2)

Lisez le texte sur **des recherches d'emploi en Suisse**. Dans la plupart des lignes il y a un mot qui ne devrait pas y être. Écrivez ces mots dans les cases prévues sur la feuille de réponses. Cependant, 2 à 4 lignes sont correctes. Marquez ces lignes avec le symbole (✓). Deux réponses (0, 00) sont données en exemple.

Emploi en Suisse

Où chercher et que faire pour trouver un emploi en Suisse? Pour vous	**0**	✓
guider, voici est un aperçu rapide de ce qu'il faut savoir avant de commencer,	**00**	*est*
sous une forme de conseils pour travailler en Suisse. Pour que vos recherches	**1**	
d'emploi en Suisse se fassent assez dans de bonnes conditions et que vous	**2**	
ne commettiez pas trop d'erreurs, que nous vous proposons une	**3**	
méthodologie pour démarrer et des liens vers d'autres ressources et les	**4**	
conseils utiles. Lorsqu'un candidat souhaite de trouver un emploi en Suisse	**5**	
et qu'il y débute sa recherche d'emploi, la tentation est grande d'écrire à un	**6**	
maximum d'entreprises. Nous vous recommandons de ne pas vous	**7**	
précipiter, et tout particulièrement si vous êtes un étranger	**8**	
et que vous n'avez jamais encore postulé et/ou travaillé en Suisse:	**9**	
la recherche d'emploi en Suisse est une question d'information,	**10**	
de bon sens, d'organisation mais aussi de la chance. S'informer est	**11**	
donc une démarche très primordiale car ce qui est vrai dans votre	**12**	
pays d'origine ne l'est pas forcément en Suisse.	**13**	

186 mots

Emploi en Suisse : 10 conseils pour chercher et trouver un emploi en Suisse.
Abrufbar unter: http://www.travailler-en-suisse.ch/emploi-suisse/travailler-en-suisse (Stand: 1.6.2017)

Tâche 7 MON STAGE TEXTE À TROUS AVEC RÉPONSES (B1)

Lisez le **blog d'une jeune femme qui parle de son stage dans une banque**. Il y a des parties qui manquent. Choisissez la partie (A–O) pour chaque blanc (1–12) dans le texte. Il y a deux parties dont vous n'aurez pas besoin. Écrivez vos réponses dans les cases prévues sur la feuille de réponses. La première réponse (0) est donnée en exemple.

Fotolia.com/goodluz

Mon stage chez LA SOCIÉTÉ GÉNÉRALE

Je m'appelle Marie-Christine et je suis en stage à la Société Générale depuis 3 mois. Mes devoirs ont **(0)** ______ été très variés. Ils regroupent **(1)** ______ le marketing, l'événementiel, la communication et le secteur bancaire. Je m'occupe **(2)** ______ de l'organisation d'événements qui se déroulent au sein du groupe: conventions, inaugurations, soirées. Je participe également à l'organisation des partenariats avec les associations d'écoles. Les tâches sont de préparer des cocktails **(3)** ______ la signature de nouveaux partenariats. Il faut organiser des visites dans les écoles **(4)** ______ les avantages de la Société Générale auprès des étudiants. Généralement le stage est très intéressant et je n'ai jamais le **(5)** ______ de m'ennuyer.

Le travail d'équipe est très important. Le service Marketing de la Société Générale est composé de 6 personnes, **(6)** ______ est peu face à la charge du travail. L'entraide et la communication sont donc essentiels. Il faut aussi être capable de s'adapter vite à un environnement **(7)** ______ nous est inconnu, le secteur bancaire est **(8)** ______ du marketing appris en cours.

L'expérience est toujours un plus dans la recherche d'emploi. Depuis le commencement de mes études supérieures j'ai effectué cinq stages dans différents domaines et différents pays. Je pense que ce dernier stage est un véritable atout **(9)** ______. L'entreprise est internationale, le travail est **(10)** ______ et les tâches sont enrichissantes. De plus c'est un moyen supplémentaire d'acquérir des contacts qui me seront certainement utiles dans ma future recherche d'emploi.

La recherche de stage est un travail assez compliqué et elle demande beaucoup de temps. Ce qui m'a pris le **(11)** ______ a été d'adapter ma lettre de motivation à chaque entreprise, de créer un CV qui sort du commun et de trouver la bonne personne à contacter dans l'entreprise. J'ai finalement trouvé mon stage **(12)** ______ au forum Emploi Jeune organisé par la Société Générale. C'est un bon moyen d'avoir un contact direct avec des entreprises qui recrutent.

328 mots

[Mon stage chez...] La Société Générale (Texte adapté). Blog à ISEG - Marketing & Communication School. Abrufbar unter: http://mcs.iseg.fr/blogs/2015/02/mon-stage-chez-la-societe-generale.html (Stand: 1.6.2017)

A	en participant
B	en grande partie
C	en équipe
D	à la fois
E	très près
F	pour faire connaître
G	pour mon CV
H	pour fêter
I	qui
J	temps
~~K~~	toujours **0**
L	plus de temps
M	très loin
N	ce qui
O	en travaillant

0	1	2	3	4	5	6
K						

7	8	9	10	11	12

Tâche 8 JEUNE ENTREPRENEUR — TEXTE À TROUS AVEC RÉPONSES (B2)

Lisez le texte **d'un jeune qui explique comment il a créé son entreprise**. Il y a des parties qui manquent. Choisissez la partie (A–Q) pour chaque blanc (1–14) dans le texte. Il y a deux parties dont vous n'aurez pas besoin. Écrivez vos réponses dans les cases prévues sur la feuille de réponses. La première réponse (0) est donnée en exemple.

Fotolia.com/Robert Kneschke

Récit de l'expérience d'un jeune entrepreneur

Je m'appelle Alexandre Chombeau, j'ai 21 ans et je suis directeur général de l'agence web C.S.V. C'est une agence spécialisée **(0)** ______ de sites internet optimisés. J'ai créé ma première entreprise en tant qu'auto-entrepreneur en 2009. J'avais alors 18 ans. Elle s'appelait Création-site-vitrine, un nom pas vraiment original. Ce n'était pas important pour moi: **(1)** ______ comptait, c'était l'obtention d'un numéro de SIRET. Ce numéro est important **(2)** ______ pouvoir en toute légalité émettre des factures à destination des professionnels.

À l'époque, je travaillais le soir **(3)** ______ après le lycée sur la création de sites internet. Je travaillais alors plus **(4)** ______ sur leur référencement. J'ai continué ainsi à l'université, mais **(5)** ______ de ma dernière année de fac j'ai pris le risque de constituer une SARL unipersonnelle: le 6 septembre 2011, l'Agence CSV était créée et avait sa raison sociale. J'avais 20 ans. Être jeune **(6)** ______ la création de son entreprise, c'est un défi qui va au-delà du domaine professionnel. Franchement **(7)** ______ c'était au départ bien plus un défi personnel. J'ai toujours aimé les défis et je voulais en relever un de taille: être indépendant **(8)** ______ et ne pas dépendre d'un supérieur, afin de pouvoir gérer mon temps professionnel et personnel de la meilleure façon possible.

Qu'est-ce **(9)** ______ m'a poussé à me fixer cet objectif? J'habite à Lille et j'ai toujours rêvé de voyager, de découvrir le monde, et surtout de pouvoir faire **(10)** ______ je veux, quand je veux. Si je souhaite aller vivre à Paris, à New York ou à Moscou, je souhaitais **(11)** ______ rien ne puisse m'en empêcher. Si vous êtes jeunes et que vous souhaitez créer votre propre entreprise, je vous conseille d'ancrer cela dans un projet de vie personnelle plutôt que **(12)** ______ dans le fait de vouloir être chef d'entreprise parce que ça fait bien.

Je suis loin d'être un admirateur du système capitaliste, mais aujourd'hui c'est comme ça et puis c'est tout, il faut s'y faire et **(13)** ______ : la santé d'une entreprise est avant tout **(14)** ______ . Afin de faire tourner votre entreprise, le but numéro 1 est d'avoir des objectifs financiers.

358 mots

Alexandre Chombeau: Les 5 points clés pour créer son entreprise quand on a 18 ans. Veröffentlicht am 27.11.2012.
Abrufbar unter: http://www.journaldunet.com/management/expert/52853/les-5-points-cles-pour-creer-son-entreprise-quand-on-a-18-ans.shtml
(Stand: 1.6.2017)

A	pour moi
B	spécifiquement
C	rapidement
D	ce que
E	au moment de
F	que
G	qui
H	ce qui
I	simplement
J	afin de
~~K~~	dans la conception **0**
L	avant
M	financièrement
N	chez moi
O	financière
P	à la fin
Q	dans la fabrication

0	1	2	3	4	5	6	7
K							

8	9	10	11	12	13	14

Tâche 9 LA NOUVELLE-CALÉDONIE — TEXTE À TROUS SANS RÉPONSES (B1)

Lisez le texte sur **un archipel d'Océanie situé dans l'océan Pacifique**. Il y a des mots qui manquent. Complétez le texte en écrivant un mot pour chaque blanc (1–12) dans les cases prévues sur la feuille de réponses. La première réponse (0) est donnée en exemple.

La Nouvelle-Calédonie

À seulement 1.500 kilomètres à l'est des côtes australiennes, se trouve la troisième plus grande île du Pacifique après la Papouasie Nouvelle-Guinée et la Nouvelle-Zélande: la Nouvelle-Calédonie. Elle a été découverte en 1774 **(0)** ______ le navigateur britannique James Cook, qui a baptisé ce pays la «New-Caledonia» en raison de la ressemblance entre le relief montagneux de la Grande Terre et son Ecosse natale.

C'est le 24 septembre 1853 que l'amiral Auguste Fébvrier-Despointes prend possession de l'île au **(1)** ______ de la France, la Grande Bretagne l'ayant délaissée. La Nouvelle-Calédonie est française **(2)** ______ cette date. La ville de Nouméa, aujourd'hui capitale de l'archipel, sera créée **(3)** ______ 1854.

Une grande partie du lagon (15000 km^2) est classée au patrimoine mondial de l'UNESCO et les fonds marins calédoniens sont **(4)** ______ les plus beaux du monde. On peut **(5)** ______ admirer des centaines d'espèces animales et une flore tout aussi extraordinaire.

Les plages de sable blanc à Lifou, Ouvéa et l'Île des Pins rivalisent de beauté **(6)** ______ les plus célèbres plages du monde. En Nouvelle-Calédonie, il fait beau **(7)** ______ l'année. L'archipel jouit d'un climat très doux avec une température **(8)** ______ annuelle de 25°C.

Nouméa, ville capitale de la Nouvelle Calédonie est bordée par l'océan. De nombreuses baies s'étirent le **(9)** ______ de la ville, offrant des plages magnifiques. Outre ses atouts naturels, Nouméa est une destination idéale **(10)** ______ les touristes qui choisissent y séjourner.
La ville de près de 100 000 habitants offre beaucoup d'activités. Située au **(11)** ______ de la mer, on y pratique des sports outdoor toute l'année.
C'est aussi une ville joyeuse avec plusieurs bars, discothèques et deux casinos pour des soirées festives après – pourquoi pas – une journée de shopping **(12)** ______ les différentes boutiques du centre-ville et de l'Anse Vata. Trois «adresses» incontournables: la rue de l'Alma, la rue de Sébastopol et la Promenade.

307 mots

vgl. http://www.nouvellecaledonie.travel/fr/ (Stand: 11.10.2017)

0	*par*	5		9	
1		6		10	
2		7		11	
3		8		12	
4					

Tâche 10 LA FRANCOPHONIE — TEXTE À TROUS SANS RÉPONSES (B2)

Lisez le texte sur **le rôle de la langue française dans le monde**. Il y a des mots qui manquent. Complétez le texte en écrivant un mot pour chaque blanc (1–10) dans les cases prévues sur la feuille de réponses. La première réponse (0) est donnée en exemple.

Fotolia.com/Maksym Yemelyanov

Le français serait au 3e rang des langues les plus parlées au monde

Selon une nouvelle étude de l'Institut européen d'administration des affaires, le français serait la troisième langue des affaires dans le monde. Il arriverait ainsi **(0)** ______ l'anglais et le mandarin, respectivement à la première et deuxième place du classement.

Qui a dit que le français avait **(1)** ______ son importance à l'étranger? D'après une étude publiée par l'école de commerce de l'INSEAD, le rayonnement de la langue de Molière la classerait au troisième rang des langues les **(2)** ______ parlées dans le monde. Une place qui se **(3)** ______ à son influence culturelle et à sa force économique. Avec près de 275 millions de locuteurs dans le monde, le français peut s'honorer d'accueillir toujours davantage de francophones **(4)** ______ ses rangs. Un chiffre en constante augmentation, notamment porté **(5)** ______ l'Afrique subsaharienne, précise le rapport de l'Organisation Internationale de la Francophonie OIF.

Aussi n'est-il pas étonnant que le français parvienne à s'élever **(6)** ______ Kai Chan, l'auteur de l'étude, parmi les langues les plus représentées dans le secteur économique. La langue se diffuse tant **(7)** ______ à l'attractivité de l'Hexagone et de son image prestigieuse à l'international.

S'il a été «difficile à l'origine, de trouver une méthode pour mesurer les langues», a expliqué Kai Chan au Huffington québécois, **(8)** ______ six mois de travaux, il est néanmoins parvenu à élaborer un classement assez strict. Le français arrive **(9)** ______ en troisième place, derrière l'anglais (1er) et le mandarin (2e), des langues les plus utilisées dans le domaine des affaires. Une position avantageuse qui devrait néanmoins regresser à l'horizon 2050. D'ici là, le français a encore le **(10)** ______ de briller à l'étranger. En 2015, il se classait au deuxième rang des langues les plus enseignées dans le monde, avec 125 millions d'élèves et à la quatrième place des langues les plus présentes sur internet.

303 mots

Alice Develey: Le français se hisserait au 3e rang des langues les plus parlées au monde. Le Figaro am 25.12.2016. Abrufbar unter: http://www.lefigaro.fr/langue-francaise/actu-des-mots/2016/12/25/37002-20161225ARTFIG00001-le-francais-se-hisserait-au-3e-rang-des-langues-les-plus-parlees-au-monde.php (Stand: 1.6.2017)

0	*derrière*	4		8	
1		5		9	
2		6		10	
3		7			

LA STRUCTURE D'UN TEXTE

Eine gute Struktur macht einen Text viel leichter lesbar und somit verständlich. Du solltest daher – ganz egal, welche Textsorte du verfasst – immer besonderes Augenmerk darauf legen. Grundsätzlich besteht jeder Text aus einer passenden Einleitung, einem in passende Absätze gegliederten Hauptteil und einem Schluss. Abhängig von der Textsorte kann es für Einleitung und Schluss noch besondere Merkmale/Vorgaben geben.
Es kann auch noch notwendig sein, einen Titel und/oder Untertitel zu finden, Grußzeilen oder Schlussfolgerungen zu formulieren.
Die Gliederung des Hauptteils in passende – und abhängig vom angestrebten Niveau – auch gut miteinander verbundene Absätze ist jedoch für alle Textsorten gleich und von gleich großer Bedeutung.
Vom Schriftbild her sollten aber natürlich alle Teile deines Textes als einzelne Absätze erkennbar sein.

Bei den Aufgabenstellungen zur Reifeprüfung und zur Reife- und Diplomprüfung wird dir die Strukturierung eines Textes insofern erleichtert, als du immer drei verschiedene Unterpunkte, sogenannte *Bullet Points*, zu bearbeiten hast. Diese Unterpunkte enthalten immer Handlungsanweisungen, sogenannte Operatoren, die dich darauf hinweisen, welche Art von Sprache von dir erwartet wird.

In den Aufgabenstellungen dieses Buches werden folgende **Operatoren** verwendet:

- décrire
- donner des informations / informer
- raconter / raconter comment
- donner des conseils
- donner des exemples
- donner des détails
- présenter
- montrer / montrer comment
- faire des propositions / proposer
- expliquer / expliquer comment / expliquer pourquoi
- préciser
- donner son avis
- résumer
- recommander / suggérer
- commenter
- évaluer (essai – B2)

Überlege also immer, welche grammatikalischen und auch lexikalischen Strukturen du brauchst, um eine Handlungsanweisung umzusetzen, z. B., wenn du erklären sollst, warum etwas so oder so ist oder gemacht wird. Schlage bei Bedarf in den Kapiteln *fonctions* und *grammaire en contexte* nach.

Damit dir das Verfassen eines Textes ganz allgemein gut gelingt, beachte folgende Tipps:

- Notiere zuerst deine Gedanken zu den einzelnen Teilen deines Textes in Stichworten.
- Überlege dann, ob deine Ideen gut zueinander passen/logisch sind.
- Versuche dann deine Ideen durch die Angabe von Details zu unterstützen.

Überlege, wie du die einzelnen Teile durch Bindewörter miteinander verknüpfen kannst.

Eine ganze Reihe von Bindewörtern findest du im *Annexe* unter *conjonctions et connecteurs*.

Oft ist es leichter, einen passenden Titel und/oder Untertitel erst zu formulieren, wenn du deinen Text schon fertig geschrieben hast.

Merke dir, dass die Leserinnen/Leser deinen Text viel lieber und leichter lesen, wenn er klar und übersichtlich gestaltet ist.

LE LANGAGE INFORMEL ET LE LANGAGE FORMEL

Je nachdem, welchen Text du verfasst, und noch mehr, je nachdem, an wen sich dein Text richtet, und welchen Inhalt er hat, musst du auf die Wahl der passenden Sprache und des passenden Registers achten.
Diese geht von «*langage formel*», der formellen Sprache, über eine neutrale Sprache bis zu «*langage informel*», der *informellen* oder *persönlichen Sprache*.

Vermeide Ausdrücke aus dem Bereich «*langage familier*», der Umgangssprache, in allen Texten, die du nicht direkt an Freundinnen oder Freunde schreibst. Auf dem Niveau A2 und B1 können sonst sehr leicht Missverständnisse entstehen, die man in der gesprochenen Sprache bemerken und daher auch gleich klären könnte. Dies ist aber in der geschriebenen Sprache nicht möglich.

Grundsätzlich unterscheidet sich die formelle von der informellen Sprache durch
- längere und komplexere Sätze (z.B. Nebensätze),
- besonders höfliche Formulierungen (z.B. *Nous vous prions de bien vouloir ...*),
- durchgehende Verwendung der *vous*-Form, wenn die Leserin/der Leser direkt angesprochen wird,
- Verwendung von Konditional und Passivkonstruktionen.

Hinweise darauf, welche Sprache du bei welcher Textsorte verwenden sollst, bekommst du direkt bei den einzelnen Textsorten.

Da du deinen Wortschatz in gewissen Bereichen erst aufbauen bzw. erweitern musst, wirst du häufig zu (Online-) Wörterbüchern greifen. Diese bieten dir wichtige Hinweise auf das richtige Sprachregister.

Beachte bei deren Verwendung folgende Abkürzungen:
- *fam. familier* – das bedeutet, dass dieser Ausdruck aus der Umgangssprache kommt.
- *arg./vulg. argot/vulgaire* – das bedeutet, dass dieser Ausdruck aus der Gaunersprache kommt bzw. vulgär ist.
- *péj. péjoratif* – dies bedeutet, dass dieser Ausdruck abwertend ist.

Diese Ausdrücke solltest du in den Aufgaben der *production écrite* vermeiden.

In Wörterbüchern gibt es noch zahlreiche andere Hinweise darauf, ob das gefundene französische Wort tatsächlich dem entspricht, was du ausdrücken möchtest. Unter anderem gibt es auch Hinweise auf die Wortart z.B.
- *fait – SUBST m*. also männliches Hauptwort – *exemple: un fait nouveau*
- *fait, -e – VERB*, also 2. Mittelwort – *exemple: nous avons fait une excursion*
- *fait, -e – ADJ*. also Adjektiv – *exemple: des idées toutes faites*

Nimm dir daher immer ausreichend Zeit, wenn du fehlende Vokabel oder Wendungen in einem (Online-) Wörterbuch nachschlägst. Beachte dabei alle (oben erwähnten) Hinweise und lege dir dann eine eigene, thematisch oder nach Funktionen geordnete Wortschatzliste an.

LE COURRIEL / LA LETTRE

Ein *courriel* oder *lettre*, ein E-Mail oder Brief, ist eine (digitale) Botschaft an eine oder mehrere Personen im privaten oder beruflichen Umfeld. Man will darin Informationen/Rat/Hilfe geben oder erbitten, sich beschweren, in der BHS auch einen Geschäftsfall abwickeln. Die Sprache ist abhängig von Empfängerinnen/Empfängern und reicht daher von formell über neutral bis persönlich.

In einem E-Mail oder einem Brief musst du die Empfängerinnen/die Empfänger immer direkt ansprechen.

Dieses Übungsbuch konzentriert sich auf die inhaltliche und sprachliche Komponente. Wie das Layout eines Briefs aussehen muss, hast du sicher schon in anderen Unterrichtsfächern gelernt. Wie du ein E-Mail/einen Brief inhaltlich richtig aufbaust, erfährst du gleich hier.

AUFBAU EINES E-MAILS/BRIEFS

1. Objet – Betreffzeile:
Diese bezieht sich auf den Inhalt des E-Mails/Briefs und soll in knapper Form darüber informieren. Es empfiehlt sich dabei, Nominalisierungen, Hauptwörter zu verwenden (z. B. *réservation d'une chambre d'hôtel* und nicht *réserver une chambre d'hôtel*).

2. Appellation – Anrede:

Passende Anreden/Formulierungen

formell	neutral	persönlich
Madame / Monsieur, + Funktion	Madame / Monsieur,	Chère / Cher + Vorname,
Chère madame / cher monsieur, (wenn man die Person kennt)	Bonjour, (nur im E-Mail) Bonjour Madame / Monsieur,	Bonjour + Vorname,
Messieurs, (an eine Firma)	Mesdames / Messieurs, (mehrere Personen)	Salut,

3. Introduction – Einleitung:
Diese ist üblicherweise kurz, und man nennt darin den Grund des Schreibens. Gegebenenfalls nimmt man Bezug auf einen vorhergehenden – brieflichen oder persönlichen – Kontakt mit der betreffenden Person. Man bedankt sich beispielsweise für erhaltene Post oder bestätigt den Erhalt eines (Geschäfts-)Briefs/einer Bestellung. Wenn man schon längere Zeit keinen Kontakt hatte, entschuldigt man sich und erklärt den Grund.

Nützliche Phrasen für eine Einleitung

Formell (1)	Persönlich (2)
Je m'adresse à vous pour + infinitif ...	Je t'écris pour + infinitif ...
Je me réfère à votre lettre / mail ...	Je t'écris parce que ...
Je vous remercie de ...	Merci pour ta / ton / tes ...
Je m'intéresse (beaucoup) à ...	Je voudrais ...
J'ai bien reçu votre ...	Tu veux / peux ...
Je m'excuse pour la réponse tardive, mais ...	Ça fait longtemps que ...

(1) Wenn man im Namen einer Firma schreibt, verwendet man die Form «*nous*» statt «*je*».
(2) Diese Formulierungen verwendet man, wenn man an eine Person schreibt; schreibt man an mehrere Personen, so muss man *te / t'* durch *vous* und *ton / ta / tes* durch *votre / vos* ersetzen.

4. Corps du mél/de la lettre – Hauptteil:

Lies dir die Aufgabenstellung genau durch, denn du musst auf alle angeführten Punkte eingehen. Präsentiere die Inhalte in logischer und strukturierter Reihenfolge. Verbinde sie mit passenden Konnektoren/Bindewörtern. Beginne für jeden Hauptpunkt einen eigenen Absatz und hebe wichtige Informationen und eventuell notwendige Handlungen hervor. Erkläre, welche Reaktion du auf dein E-Mail/deinen Brief erwartest.

Alle Teile deiner Aufgabenstellung sind gleich wichtig. Versuche daher immer, sie auch gleich ausführlich zu behandeln.

5. Conclusion – Schlussbemerkung:

Meistens drückt man darin seine Vorfreude oder Erwartungshaltung auf die Antwort oder die Reaktion auf sein Schreiben aus.

Nützliche Phrasen für eine Schlussbemerkung

Formell (1)	Persönlich an eine Person	Persönlich an mehrere Personen
Dans l'attente de votre réponse, …	J'attends ta réponse/ton mél (avec impatience).	J'attends votre réponse/mél (avec impatience).
Veuillez + infinitif …	À te lire	À vous lire
Je me réjouis de …	Tu peux + infinitif …?	Vous pouvez …?
Ce sera avec plaisir que …	Réponds-moi vite s.t.p.	Répondez-moi vite s.v.p.
Je serais heureux/heureuse de …		
J'espère que vous + Zukunft …		

(1) Wenn man im Namen einer Firma schreibt, dann verwendet man die Form «*nous*» statt «*je*».

6. Formule de politesse – Grußformel:

Passende Anreden/Formulierungen

formell	neutral	persönlich
(1) Veuillez agréer Monsieur/Madame, mes salutations distinguées	(1) Agréez, Monsieur/Madame, mes salutations distinguées	(1) Mes meilleures salutations
Salutations respectueuses/Respectueusement	(Très) Cordialement	À bientôt/A+
Sincères salutations/Cordiales salutations	(2) Bien à vous	Bises/Bisou

(1) in einem Brief
(2) wenn man die Person persönlich kennt

E-MAILS IM PERSÖNLICHEN/PRIVATEN UND SCHULISCHEN UMFELD

Diese richten sich an Verwandte (Eltern, Geschwister usw.) sowie Freunde, Bekannte, Klassenkameraden oder Gasteltern und werden daher in informeller/persönlicher Sprache geschrieben.

> Für eine Nachricht an eine einzelne Person verwendest du die Personalform *tu*, für mehrere Personen die Personalform *vous*.

In diesen E-Mails können viele verschiedene Themen angeschnitten werden, die du aus dem Lehrplan und/oder deinen Schulbüchern kennst. Dazu gehören: soziale und zwischenmenschliche Beziehungen, Leben in der Gesellschaft, Schule und Ausbildung, Freizeit und Feste, Hobbys und Vorlieben, Wohnen, Umwelt und Lebensqualität, Gesundheit und Ernährung, gesellschaftliche Trends und Entwicklungen, Sprachen und Kulturen sowie Medien und Reisen.

- Man berichtet darin von **Ereignissen** wie
  - Familienfeiern
  - Festen und Besuchen
  - Begegnungen
  - Sportlichen und/oder kulturellen Veranstaltungen
  - Wettbewerben, Aufführungen
  - Ausflügen, Reisen
  - Schüleraustausch und Ähnlichem

- oder **Handlungen** wie
  - Lebensroutinen, Tagesabläufen
  - Freizeitbeschäftigungen/-aktivitäten
  - Lesen, Radio hören oder Fernsehen
  - Einkaufen
  - Unterricht und Pausen
  - Hausarbeit
  - Diskussionen u.ä.

> Schaffe Ordnung in deinen Unterlagen: Ordne alle Vokabel und Texte, die du schreibst, einem Thema zu, damit du dein Wissen ständig erweitern und Wichtiges immer wiederholen kannst.

Die folgenden *Tâches*/Aufgabenstellungen sind exemplarisch für die oben erwähnten Themen und zielen einmal auf das Niveau A2 und einmal auf das Niveau B1.

> Behandle alle Teile einer Aufgabenstellung immer gleich ausführlich, auch wenn dir zu einem/manchem Punkt mehr oder weniger einfällt.

Tâche 1 Échanger des informations sur son budget/argent – Niveau A2

Situation: Tu as reçu un mail de ton amie française Stéphanie:

> Salut,
> Je t'écris parce que je me suis disputée avec mes parents. Ils ne me donnent pas assez d'argent de poche et ils ne veulent pas que je dépense tout mon argent.
>
> C'est comment chez toi? Tu te disputes aussi avec tes parents? As-tu assez d'argent?
> Tu le dépenses comme moi?
> Réponds-moi, s.t.p.
> Stéphanie

Réponds à son e-mail en 120 à 150 mots environ. Dans ton courriel, tu

- décris des situations où tu te disputes avec tes parents
- donnes des informations sur l'argent que tu as
- racontes ce que tu fais avec ton argent

Folgende grammatikalische Strukturen helfen dir, einen guten Text zu verfassen:
Structures avec l'infinitif, adverbes, les pronoms compléments, la négation.

Tâche 2 Échanger des informations sur son budget/argent – Niveau B1

Im Unterschied zum Niveau A2 werden alle *Tâches* auf Niveau B1 mit dem formellen *vous* formuliert, weil du auch bei abschließenden Prüfungen so angesprochen wirst. Damit wirst also du direkt angesprochen.

Situation: Votre ami français Pierre vous a écrit un mail parce qu'il a des problèmes financiers. Il va encore au lycée et avant la fin du mois il a toujours dépensé tout son argent. Il veut savoir si vous gérez bien votre budget.

Répondez-lui en 200 mots. Dans votre courriel, vous

- racontez comment vous gérez votre budget
- donnez des conseils à Pierre comment éviter ces problèmes
- faites des propositions comment il pourrait gagner un peu d'argent

Um einen guten Text zu verfassen, helfen dir folgende grammatikalische Strukturen:
le conditionnel présent, les phrases hypothétiques, le subjonctif und folgende Funktionen: *décrire une situation hypothétique, donner des conseils.*

E-MAILS IM BERUFLICHEN UMFELD

Diese richten sich an Unternehmen, Institutionen sowie an bestimmte Personen wie z. B. Kundinnen/Kunden, Geschäftspartnerinnen/Geschäftspartner und werden daher in formeller Sprache geschrieben.

Für die Anrede in einer Nachricht im beruflichen Umfeld verwendest du die formelle Anrede *vous*. Wenn du im Namen eines Unternehmens schreibst, ist das formelle *nous* dem informelleren *je* vorzuziehen.

In diesen E-Mails können Themen aus der Arbeitswelt und dem Wirtschafts- und Geschäftsleben angesprochen werden.

- Man schreibt diese E-Mails rund um **Ereignisse** wie
  - Vorstellungsgespräche
  - Eröffnungen oder Empfänge
  - Messen oder Konferenzen
  - Besprechungen
  - Vorstellung von Produkten u.ä.
  - Ausverkäufe

- oder **Handlungen** wie
  - Bürovorgänge
  - Transporte
  - Verkäufe, Verkaufsmarketing
  - Computerarbeit

Alle *Tâches* im beruflichen Umfeld werden mit dem formellen *vous* formuliert. Damit wirst also du direkt angesprochen.

Tâche 3 Inviter un client/une cliente à une présentation – Niveau A2

Situation : Votre entreprise va présenter un nouveau produit à une foire/un salon.
Vous écrivez un courriel pour inviter M. Durand, un bon client, à la présentation.

Dans votre courriel, vous
- informez sur le nouveau produit
- donnez des détails sur la foire (lieu, date etc.)
- expliquez comment trouver votre stand

Écrivez de 120 à 150 mots.

Folgende grammatikalische Strukturen helfen dir, einen guten Text zu verfassen: *structures avec l'infinitif, adjectifs, expressions de temps et de lieu, les pronoms compléments, formes simples du conditionnel.*

Tâche 4 Inviter un client/une cliente à une présentation – Niveau B1

Situation: Votre entreprise organise une journée des portes ouvertes pour présenter ses nouveaux bureaux à ses clients.
Vous écrivez un courriel à Mme. Ceyroux, une cliente habituelle, pour l'inviter.

Voilà le programme de la journée:

Matin
- 08:00 ouverture des portes et arrivée
- 09:00 présentation et visite de nouveaux bureaux

Midi
- 12:30 réception par le directeur
- 13:00 buffet

Après-midi
- 14:30 présentation de nouveautés
- 15:30 visite de l'entreprise (facultative)

Dans votre courriel, vous
- expliquez pourquoi vous invitez Mme. Ceyroux spécialement
- informez sur le programme de la journée
- donnez des détails sur vos nouveaux bureaux

Écrivez un courriel de 150 à 200 mots.

Folgende grammatikalische Strukturen helfen dir, einen guten Text zu verfassen:
structures avec l'infinitif, adjectifs, expressions de causes et conséquences, le comparatif et le superlatif, formes du conditionnel présent

Siehe Wirtschaft und Geschäftsleben, S. 107

Bei abschließenden Prüfungen sollst du bei jeder Textsorte, auch bei beruflichen E-Mails, 200 Wörter +/- 10% schreiben. Das ist gerade in dem Bereich nicht ganz einfach. Versuche also schon von Beginn an, dir für jeden Aufgabenschritt mindestens 3 Punkte zu überlegen und diese dann mit Details zu untermauern.

L'ARTICLE DE JOURNAL

Articles/Artikel sind Texte zu einem bestimmten Thema, die in einer Zeitschrift oder Zeitung (online oder gedruckt) veröffentlicht werden. Sie richten sich demnach immer an eine bestimmte Gruppe von Leserinnen/Lesern, die man entweder informieren/überzeugen oder unterhalten/fesseln will. Jeder *article*/Artikel hat einen Titel und ist in (erkennbare) Absätze gegliedert. Die Sprache ist, abhängig von deinen Leserinnen/Lesern, formell, neutral oder persönlich. Du kannst darin deine Leserinnen/Leser direkt ansprechen oder durch Fragen zum Weiterlesen bewegen.

Beachte den **Aufbau** eines *article*/Artikel:

- **Titel**: Dieser soll möglichst einprägsam und gut formuliert sein.
  Manchmal kann es von Vorteil sein, wenn du ihn erst am Ende deiner Arbeit formulierst.

- **Einstieg/Einleitung**: Dieser/Diese soll die Leserinnen/Leser neugierig machen und zum Weiterlesen anregen.
  - Gib z.B. eine Definition des Themas oder
  - gib eine interessante Meinung/ein interessantes Statement zu diesem Thema wieder oder
  - nenne eine überraschende Tatsache oder
  - erwähne eine überraschende Statistik u.ä.

- **Absätze**: Für jeden neuen Hauptpunkt in deinem *article*/Artikel sollst du einen neuen Absatz beginnen, damit die Leserinnen/Leser deinen Ideen gut folgen können.
  - Organisiere dabei deine Ideen in logischer Reihenfolge und
  - achte darauf, dass du deine Ideen durch die Verwendung von passenden Konnektoren miteinander verknüpfst.

Eine Liste von Konnektoren findest du im Anhang/*annexe* ab Seite 158.

- **Beispiele**: Bringe für möglichst viele deiner Ideen, Informationen usw. Beispiele, die das erläutern, was du sagen/ausdrücken willst.
  Vermeide (es) dabei aber
  - Verallgemeinerungen und klischeehafte Darstellungen;
  - Gerüchte und Vermutungen als Tatsache darzustellen.

- **Relevante Aspekte/Ideen**: Überlege gut, welche Aspekte eines Themas für deine Leserinnen/Leser relevant sind und überprüfe das auch während des Schreibens immer wieder.
  Denke bei deinen Leserinnen/Lesern daran,
  - ob es sich um eine bestimmte Gruppe von Personen handelt oder ob es sich um die Öffentlichkeit an sich handelt.
  - Handelt es sich um eine bestimmte Gruppe, dann überlege, wie alt diese Gruppe ist und was sie an diesem Thema interessiert.
  - Ganz allgemein solltest du überlegen, was die Leserinnen/Leser schon über das Thema wissen und was du noch erklären musst.

So vermeidest du irrelevante Informationen, die sich in der Beurteilung negativ auswirken.

- **Schluss**: Ein *article*/Artikel ohne gelungenen Abschluss ist kein wirklich guter. Der Schluss prägt sich bei den Leserinnen/Lesern ein, so wie der Titel. Hier ein paar Vorschläge, wie du einen guten Schluss formulieren kannst:
  - Mache eine kurze Zusammenfassung der wichtigsten Punkte.
  - Stelle eine Frage an die Leserinnen/Leser.
  - Kehre inhaltlich zum Anfang zurück und versuche so, den Kreis deiner Ideen zu schließen.

Die Themen eines *article*/Artikels können aus dem öffentlichen oder beruflichen Bereich oder auch aus dem Bereich der Bildung kommen. Themen aus dem rein privaten Bereich sind eher selten. Auf dem Niveau A2 können Teile eines Artikels aber aus diesem Bereich kommen. Wenn es in deinem Artikel z. B. um die Einstellung der Jugend zum Thema Familie geht, könnte ein Teil einer A2-Aufgabenstellung auch die Beschreibung der eigenen Familiensituation sein.

Die folgenden Auszüge aus dem GERS (Gemeinsamer Europäischer Referenzrahmen für Sprachen) sollen dir helfen, ein Gefühl dafür zu entwickeln, was auf dem jeweiligen Niveau von dir erwartet werden kann.

Der **GERS** sagt im Kapitel 4.4.1.2 zum „**Kreativen Schreiben**" Folgendes zum Niveau A2 und zum Niveau B1:

Niveau A2:

- Kann in einer Reihe einfacher Sätze über die eigene Familie, die Lebensumstände, den Bildungshintergrund oder die momentane oder vorige berufliche Tätigkeit schreiben.
- Kann in Form verbundener Sätze etwas über alltägliche Aspekte des eigenen Umfelds schreiben, wie z.B. über Menschen, Orte, einen Job oder Studienerfahrungen.
- Kann eine sehr kurze, elementare Beschreibung von Ereignissen, vergangenen Handlungen zu persönlichen Erfahrungen verfassen.

Niveau B1:

- Kann unkomplizierte, detaillierte Beschreibungen zu einer Reihe verschiedener Themen aus seinem/ihrem Interessensgebiet verfassen.
- Kann Erfahrungsberichte schreiben, in denen Gefühle und Reaktionen in einem einfachen, zusammenhängenden Text beschrieben werden.
- Kann eine Beschreibung eines realen oder fiktiven Ereignisses oder einer kürzlich unternommenen Reise verfassen.
- Kann eine Geschichte erzählen.

Dazu, wie du einen Text auf diesem Niveau schon organisieren/strukturieren/arrangieren können sollst, sagt der **GERS** im Kapitel 5.2.3.1 unter „**Themenentwicklung**" Folgendes:

Niveau A2:

- Kann eine Geschichte erzählen oder etwas beschreiben, indem sie/er die einzelnen Punkte in Form einer einfachen Aufzählung aneinanderreiht.

Niveau B1:

- Kann recht flüssig unkomplizierte Geschichten oder Beschreibungen wiedergeben, indem sie/er die einzelnen Punkte linear aneinanderreiht.

Beginne nie gleich mit dem Schreiben eines Artikels, sondern mache dir zuerst Notizen, was du in der Einleitung, den einzelnen Absätzen des Hauptteils und am Schluss schreiben wirst.

Tâche 5 Apprendre des langues / partir à l'étranger – Niveau A2

Situation : Votre école publie régulièrement des articles en français sur son site Web pour les élèves d'un lycée partenaire en France.
Vous écrivez un article sur l'importance de l'apprentissage des langues.

Dans votre article, vous
- informez sur les langues enseignées dans votre école
- expliquez comment vous apprenez les langues
- donnez des exemples pour l'importance des langues

Écrivez environ 150 mots. N'oubliez pas le titre.

Folgende grammatikalische Strukturen helfen dir, einen guten Text zu verfassen:
structures avec l'infinitif, adverbes de fréquence, de manière et de lieu; denke auch daran, dass du eventuell auch Verneinung/*négation* und Hervorhebung/*mise en relief* verwenden könntest.

Tâche 6 Apprendre des langues / partir à l'étranger – Niveau B1

Alle *Tâches*/Aufgabenstellungen werden in diesem Buch mit dem formellen *vous* formuliert, weil du auch bei abschließenden Prüfungen so angesprochen wirst. Damit wirst also du direkt angesprochen.

Situation : Le journal de votre école demande aux élèves d'écrire des articles en français sur leurs expériences pendant leur stage / leur séjour linguistique en France.

Dans cet article, vous
- racontez où et comment vous avez passé ce stage / séjour
- expliquez pourquoi vous vouliez partir en France / à l'étranger
- donnez des conseils aux autres élèves qui vont partir l'année prochaine

Écrivez environ 200 mots et n'oubliez pas le titre.

Um diese Aufgabenstellung gut zu bewältigen, musst du wissen, welche Zeiten man verwendet, um über Vergangenes zu berichten. Lies, wenn notwendig, in den Kapiteln *Alternance entre le passé composé et l'imparfait* und *Les temps dans le récit* nach.

L'ENTRÉE DE BLOG ET LE COMMENTAIRE DE BLOG

Ein *entrée de blog*/Blogeintrag ist ein Text, der im Internet in einem Blog veröffentlicht wird, ein *commentaire de blog*/Blogkommentar ist eine Antwort/eine Reaktion auf einen Blogeintrag. Sie sind demnach beide öffentlich zugänglich und können von jedermann gelesen werden. Ziel eines Blogs ist der Austausch mit anderen.

In deinen Texten sollst du andere z. B. an deinen Erlebnissen teilhaben lassen, deine Meinung zu einem Thema oder einem Blogeintrag äußern, aber du sollst dich dort nicht ausschließlich negativ oder gar abfällig äußern.

Es gibt Blogs im persönlichen Bereich, in denen man z. B. über Erfahrungen und Erlebnisse berichtet oder Erlebnisse anderer Blogger kommentiert.
Aber auch Unternehmen führen Blogs, um ihr Unternehmen bekannt zu machen oder Kundinnen und Kunden zu informieren und so an sich zu binden.
Die Themen sind sehr vielfältig und können für dich als Lernenden demnach alle Themen des Lehrplanes umfassen.
Die Leserschaft besteht aus jenen Personen, die sich für das Thema des Blogs interessieren. Im realen Leben ist die Leserschaft meist sehr groß und der Schreiberin/dem Schreiber daher nicht persönlich bekannt. Im persönlichen Bereich kann dies selbstverständlich auch anders sein.
Von der erwarteten Leserschaft hängt auch die Sprache ab; sie variiert daher von neutral bis persönlich. Als stilistisches Mittel wird die direkte Ansprache der Leserschaft verwendet.
Im Aufbau unterscheiden sich *entrée de blog*/Blogeintrag und *commentaire de blog*/Blogkommentar ein wenig.

- Aufbau eines ***entrée de blog*/Blogeintrag**:
  - Benutzername
  - Titel
  - Einleitung
  - in Absätze untergliederter Hauptteil
  - Schluss

- Aufbau eines ***commentaire de blog*/Blogkommentar**:
  - Benutzername
  - E-Mailadresse
  - Bezugnahme auf den Blogeintrag
  - in Absätze untergliederter Hauptteil
  - Schluss

In einem Blog fällt es dir im Allgemeinen leicht, etwas zum Thema zu schreiben. Da aber dein Text inhaltlich ausgewogen sein soll, das heißt, alle drei *bullet points* sollen gleich ausführlich behandelt werden, überlege dir vorher, welche Aspekte für deine Leserinnen/Leser am interessantesten sind und welche sprachlichen Mittel du verwenden wirst.

Tâche 7 Entrée de blog 1 : Mes dernières vacances – Niveau A2

Situation : Il y a un blog français où des jeunes postent des textes sur différents thèmes.
Vous décidez de poster un texte sur vos dernières vacances qui étaient extraordinaires.

Dans votre entrée de blog, vous
- vous présentez (votre personnalité, vos préférences)
- expliquez comment vous passez vos vacances normalement
- racontez comment ces vacances extraordinaires se sont passées

Écrivez environ 150 mots.

Folgende grammatikalische Strukturen helfen dir, einen guten Text zu verfassen: *structures avec l'infinitif, les temps dans le récit (présent-passé composé-imparfait), les adverbes de fréquence.*

Tâche 8 Entrée de blog 2 : Partir à l'étranger sans parents – Niveau B1

Situation : Il y a un blog français où des jeunes postent des textes sur différents thèmes.
Vous décidez d'écrire une entrée sur vos dernières vacances. Vous les avez passées dans un pays étranger sans vos parents.

Dans votre entrée de blog, vous

- montrez comment vous avez préparé ce voyage
- décrivez vos expériences pendant ce voyage
- donnez des conseils pour recevoir la permission des parents

Écrivez environ 200 mots.

Folgende grammatikalische Strukturen helfen dir, einen guten Text zu verfassen:
les temps dans le récit (présent-passé composé-imparfait-plus que parfait), le conditionnel présent, les pronoms compléments, le gérondif.

Tâche 9 Commentaire de blog 1 : Le sport à l'école – Niveau A2

Situation : Vous avez lu une entrée de blog sur le sport à l'école en France. Dans cette entrée, Nadine demande une heure de sport par jour au lycée.
Vous écrivez un commentaire.

Dans votre entrée de blog, vous

- décrivez la situation dans votre lycée
- donnez des exemples pour d'autres activités intéressantes
- expliquez pourquoi vous aimez le sport/n'aimez pas le sport

Écrivez environ 150 mots.

Tâche 10 Commentaire de blog 2 : Apprentissage des langues – Niveau B1

Situation : Vous avez lu une entrée de blog de Xavier sur l'apprentissage des langues. Il pense que l'anglais seul n'est pas suffisant, mais il n'aimerait pas partir à l'étranger pour apprendre des langues. Vous écrivez un commentaire.

Dans votre entrée de blog, vous

- donnez votre avis sur les séjours à l'étranger
- précisez par quelles autres méthodes vous avez appris les langues
- montrez comment vous profitez de vos connaissances en français

Écrivez environ 200 mots.

LE RAPPORT

Ein *rapport*/Bericht ist die Darstellung eines Sachverhalts in Form eines (offiziellen) Dokuments nach eingehender Untersuchung oder Überlegung durch eine ernannte Person oder Personengruppe. Darin wird von Tatsachen, Ereignissen, Projekten etc. berichtet, und er kann auch eine abschließende Empfehlung enthalten. Die Leserin/der Leser ist z.B. eine Vorgesetzte/ein Vorgesetzter oder eine Institution. Die Sprache ist formell oder neutral und man berichtet darin möglichst sachlich und präzise.

Ein *rapport*/Bericht unterscheidet sich schon rein äußerlich von anderen Textsorten. Er enthält Folgendes:

- Empfängerin/Empfänger (wenn er sich an eine bestimmte Person richtet)
- Autorin/Autor
- Thema/Betreff
- Datum
- Absätze (das kennst du auch von den anderen Textsorten)
- Untertitel

Beachte Folgendes beim **Aufbau**:

- Die **Betreffzeile** bezieht sich immer auf den Inhalt des Berichts;
- Schreibe einen oder mehrere **kurze Einleitungssätze**, die erklären, was, warum und für wen berichtet wird;
- Schreibe für einen Hauptpunkt einen oder mehrere **Absätze mit klaren Absatzüberschriften**, die erklären, worum es in diesem Absatz/diesen Absätzen geht;
- Der Schluss kann z.B. eine Zusammenfassung, eine Schlussfolgerung oder eine Empfehlung sein.

Da du selten/nicht immer über Dinge berichten wirst, die du tatsächlich erlebt hast, musst du dir die Ideen für den Hauptteil meist selber überlegen. Stelle und beantworte dir dazu die „W-Fragen" Wer? Was? Wann? Wo? Warum? Wie?" oder mache zuerst ein Brainstorming zu den einzelnen Aufgabenschritten und ordne danach deine Ideen.

RAUM FÜR NOTIZEN:

Wie mache ich aus meinen Ideen einen zusammenhängenden Text?

- **Verwende Pronomen** (*le, la, les, lui, leur, y, en*), um auf vorher Erwähntes Bezug zu nehmen.
- **Verwende Synonyme** (Wörter mit derselben Bedeutung), z.B. *foire/salon*; *participants à la foire/employés des entreprises/visiteurs/collaborateurs*
- **Verwende hinweisende Fürwörter** (*ce, cet, cette, ces*), um etwas zusammenzufassen, z.B. *la foire à Prague. Cet événement était une bonne expérience.*
- **Verwende** sogenannte **Konnektoren/Bindewörter**, um

zu beginnen	etwas hinzuzufügen/aufzuzählen	einen Grund/eine Folge zu nennen
premièrement – erstens *d'abord* – zuerst *au début* – am Anfang *récemment* – kürzlich *avant* – vor *autrefois* – früher	*et puis/ensuite* – und dann *en outre/de plus* – außerdem/darüberhinaus *également/aussi* – auch *surtout* – vor allem *deuxièmement* – zweitens *troisièmement* – drittens *certes/certainement* – sicher/sicherlich	*car* – denn *en effet* – nämlich *parce que* – weil *puisque* – weil ja *Comme* – da (am Satzanfang) *c'est pourquoi* – deshalb *ainsi* – daher, so/somit *donc* (steht nach dem Verb) – daher
Alternativen anzugeben	**etwas abzuschließen**	**etwas gegenüberzustellen**
d'une part … d'autre part – einerseits … andererseits *non seulement … mais aussi* – nicht nur … sondern auch	*enfin/finalement* – schließlich *actuellement/maintenant* – jetzt *aujourd'hui/à présent* – heute *en résumé/conclusion* – zusammenfassend/abschließend	*mais* – aber *au contraire/contrairement* – im Gegensatz/Gegenteil *en réalité* – in Wahrheit *cependant* – dennoch

> Weitere Konnektoren findest du im Anhang/*annexe*.

Im GERS (Gemeinsamer Europäischer Referenzrahmen für Sprachen) finden sich **keine Deskriptoren/Beschreibungen für Berichte auf Niveau A2**. Für das **Niveau B1** wird folgendes Können als Ziel definiert/formuliert:

- Kann in einem üblichen Standardformat sehr kurze Berichte schreiben, in denen Sachinformationen weitergegeben und Gründe für Handlungen angegeben werden.
- Kann im eigenen Sachgebiet mit einer gewissen Sicherheit größere Mengen von Sachinformationen über vertraute Routineangelegenheiten und über weniger routinemäßige Dinge zusammenfassen, darüber berichten und dazu Stellung nehmen.

Du wirst daher in diesem Buch nur *tâches*/Aufgabenstellungen auf **Niveau B1** finden.

> Alle *Tâches*/Aufgabenstellungen werden mit dem formellen *vous* formuliert, weil du auch bei abschließenden Prüfungen so angesprochen wirst. Damit wirst also du direkt angesprochen.

Tâche 11 Participation à une foire – Niveau B1 (BHS)

Situation : Votre entreprise d'entraînement pratique (EEP) a participé à une foire internationale à ... (Choisissez un lieu). Après, vous devez écrire un rapport pour le/la responsable des ventes vers la France.

Dans votre rapport, vous
- donnez des informations générales sur la foire (nombre d'entreprises présentes, secteurs, produits, nationalités ...)
- résumez vos expériences avec la clientèle internationale
- recommandez/suggérez des mesures pour encore mieux préparer les employés

Écrivez environ 200 mots et n'oubliez pas les titres pour les paragraphes.

Überlege dir vorher, über welche Unternehmen und Produkte du am meisten weißt und daher auch schreiben kannst. Mache dir eine Mindmap.
Verwende bei den Erfahrungen keine üblichen, negativen *Clichés*.

Um diese Aufgabenstellung gut zu bewältigen musst du wissen, welche Zeiten man verwendet um über Vergangenes zu berichten. Lies dazu im Kapitel *Révision de grammaire en contexte* auf S. 125 *Alternance entre le passé composé et l'imparfait* und auf S. 126 *Les temps dans le récit* nach.
Du solltest dir auch überlegen, welche Strukturen du kennst, um Vorschläge zu machen/Empfehlungen abzugeben, siehe Kapitel *Fonctions* auf S. 123 *Faire des suggestions*.

Tâche 12 Partir en excursion – Niveau B1 (AHS+BHS)

Situation : Votre école organise habituellement une excursion de trois jours dans une ville autrichienne pour tous les élèves d'un certain âge. Votre classe a choisi Vienne comme destination. Après le retour, vous devez écrire un rapport pour Madame Dubois, une entrepreneuse française. Elle a sponsorisé cette excursion.

Dans votre rapport, vous
- résumez les activités de cette excursion
- dites pourquoi vous avez choisi Vienne
- donnez votre avis sur l'utilité de telles excursions

Écrivez environ 200 mots et n'oubliez pas les titres pour les paragraphes.

Um diese Aufgabenstellung gut zu bewältigen musst du wissen, welche Zeiten man verwendet um über Vergangenes zu berichten. Lies dazu im Kapitel *Révision de grammaire en contexte* auf S. 125 *Alternance entre le passé composé et l'imparfait* und auf S. 126 *Les temps dans le récit* nach.
Du solltest dir auch überlegen, welche Strukturen du kennst, um Gründe für Handlungen anzugeben und deine Meinung zu äußern, siehe Kapitel *Fonctions* auf S.116 *Synthétiser un bref récit etc. et donner son avis.*

LE DÉPLIANT (BHS)

Ein *dépliant*/Broschüre ist ein Faltprospekt, der als Werbe- oder Informationsmaterial dient und an eine bestimmte Zielgruppe verteilt oder verschickt wird. Er könnte auch im Internet online gestellt werden. Als Textsorte im Rahmen der SRDP wird er als Broschüre bezeichnet.
Die Zielgruppe sind immer unterschiedliche Interessentinnen und Interessenten. Mit einem *dépliant*/Broschüre will man informieren oder Werbung machen.
Die Sprache ist je nach Zielpublikum formell, neutral oder persönlich. Man versucht jedoch immer, möglichst überzeugend zu sein und den Inhalt informativ und ansprechend zu präsentieren. Beachte, dass man in der Werbung die Leserin/den Leser oft direkt anspricht.

Man verwendet in der Werbesprache daher oft die Personalform *vous,* außerdem das *futur simple*, den *impératif* und *phrases hypothétiques certaines*.

Kurze, einfache Sätze sind hier besser als lange, komplizierte Konstruktionen. Überschriften und Unterüberschriften müssen möglichst aussagekräftig sein und für sich selbst sprechen. In einem *dépliant*/Broschüre ist es besonders wichtig, dass du deine Ideen/Informationen übersichtlich präsentierst. Verwende daher Aufzählungen wie erstens, zweitens usw.; auch Nummerierungen kannst du verwenden.
In einem echten *dépliant*/Broschüre werden natürlich auch Bilder zur Illustration verwendet. Vielleicht hilft es dir sogar beim Schreiben, wenn du dir vorstellst, welche Bilder zu deinen Texten passen würden.

Stelle dir, bevor du mit dem Schreiben beginnst, folgende Fragen und notiere die Antworten:
Wer soll/wird diesen Text lesen, gehört also zur Zielgruppe?
Was weißt du über diese Zielgruppe? Was ist für sie charakteristisch?
Was könnte sie im Zusammenhang mit der Aufgabenstellung interessieren?
Sammle zuerst alle Ideen, ordne sie dann und unterteile deinen Text in passende Absätze.
Jetzt wird es dir auch leichter fallen, passende Unterüberschriften zu finden.

RAUM FÜR NOTIZEN:

Tâche 13 Présenter une ville autrichienne / un village autrichien – Niveau A2

Situation : Vous voulez présenter votre ville / village aux élèves d'un lycée français, partenaire de votre lycée. Vous écrivez donc un dépliant.

Dans votre dépliant, vous
- donnez des informations générales sur votre ville / village (situation géographique, nombre d'habitants, infrastructure etc.)
- expliquez pourquoi vous aimez habiter dans cette ville / ce village
- décrivez un lieu précis que vous adorez

Écrivez environ 150 mots.

Folgende grammatikalische Strukturen helfen dir, einen guten Text zu verfassen:
structures avec l'infinitif, aimer, aimer beaucoup, adorer etc.+ nom, adjectifs, comparatif et superlatif.

Tâche 14 Présenter l'Autriche – Niveau B1

Situation : Vous préparez la visite d'un groupe d'élèves français en Autriche. Vous écrivez donc un dépliant pour les informer.

Dans votre dépliant, vous
- présentez l'Autriche en général
- expliquez pourquoi vivre en Autriche est agréable pour un / e jeune
- recommandez des activités pour leur séjour

Écrivez environ 200 mots.

Folgende grammatikalische Strukturen helfen dir, einen guten Text zu verfassen:
le conditionnel, les adverbes de manière, de lieu et de temps, la mise en relief, le futur simple, l'impératif.

Tâche 15 Vendre un nouveau produit – Niveau B1 (BHS)

Situation : Vous travaillez pour une société autrichienne. Elle cherche des clients en France à qui elle veut vendre son nouveau produit. Vous devez donc créer un dépliant.

Dans votre dépliant, vous
- présentez votre entreprise et ses points forts
- montrez les avantages de votre nouveau produit
- expliquez les conditions de vente

Écrivez environ 200 mots.

Wähle dir zuerst ein Produkt, das du auf Französisch gut beschreiben kannst; überlege, ob dein Wortschatz dafür ausreicht. Sammle dann Ideen für ein passendes Unternehmen.

L'ESSAI (AHS 1. LEBENDE FREMDSPRACHE – B2)

Ein *essai* ist ein relativ kurzer Aufsatz, in dem ein Thema aus eingeschränkter (in Bezug auf die Länge*) und oft persönlicher Perspektive behandelt wird. Mit einem *essai*/Aufsatz will man

- die Leserinnen/Leser von einem Standpunkt, meist dem eigenen, überzeugen;
- die Leserinnen/Leser informieren, einen Sachverhalt/ein Problem darstellen;
- Standpunkte gegeneinander abwägen.

Die Leserinnen/Leser sind im Normalfall die jeweiligen Lehrerinnen/Lehrer, weil diese Texte ja im Zusammenhang mit der Schule geschrieben werden. Die Sprache ist formell oder neutral und die Leserin/der Leser wird nicht direkt angesprochen.

* Bei der schriftlichen Reifeprüfung muss ein *essai*/Aufsatz eine Länge von 400 Wörtern aufweisen.

In einem *essai*/Aufsatz sollst du ganz klar deine Meinung äußern, eine bestimmte Position zu einem Thema einnehmen. Du bist also entweder dafür oder dagegen.

Beim Schreiben eines *essai*/Aufsatzes solltest du Folgendes beachten:

- Nenne im Titel das Thema und stelle den Bezug zur Aufgabenstellung her.
- Nenne in der Einleitung die wichtigste Aussage deines Textes, stelle eine These auf, die du in deinem Text dann erklärst und verteidigst. Sie
  - sollte kurz, klar formuliert und interessant sein,
  - soll die Leserin/den Leser ansprechen,
  - erwähnt eine ungewöhnliche oder verblüffende Tatsache,
  - stellt eine provokante oder rhetorische Frage,
  - gibt einen allgemeinen Kommentar.
- Entwickle im Hauptteil deine Ideen.
- Mache für jedes Argument einen eigenen Absatz.
- Leite jedes Argument immer mit einem Einleitungssatz ein.
- Bringe für deine Argumente Beispiele und nenne unterstützende Details.
- Deine Ideen sollen immer deine Position/deine These unterstützen.
  - Wenn du die Gegenposition ansprichst, dann musst du zeigen, warum sie nicht glaubwürdig ist.
- Strukturiere deine Argumente, gehe beispielsweise vom Allgemeinen zum Spezifischen oder vom weniger Interessanten zum besonders Interessanten.
- Fasse am Schluss deine Position zusammen:
  - in einigen wenigen Sätzen;
  - formuliere hier deine Meinung nochmals mit anderen Worten;
  - Runde deine Argumentation ab, indem du z.B. eine passende Schlussfolgerung formulierst.

Bringe am Schluss keine neuen Argumente, weil du damit deine Argumentation abschwächen würdest. Alle wichtigen Argumente hast du im Hauptteil bereits ausgeführt und möglichst überzeugend dargestellt.

Tâche 16 Des smartphones pour les enfants – Niveau B2

Situation : De plus en plus d'enfants possèdent un smartphone à partir de l'âge de 8 ou 9 ans déjà.
En cours, vous avez discuté (de) ce thème. Votre professeur vous demande d'exprimer votre opinion dans un essai.

Dans votre essai, vous
- expliquez pourquoi les enfants doivent **ou** ne doivent pas avoir un smartphone
- montrez comment les smartphones ont changé notre vie
- commentez le rôle des parents dans ce contexte

Écrivez environ 400 mots.

Tâche 17 Le service volontaire pour tous – Niveau B2

Situation : En cours, vous avez discuté les pour et les contre d'un service volontaire d'une année pour tous les jeunes de 18/19 ans. Votre professeur vous demande d'exprimer votre opinion dans un essai.

Dans votre essai, vous
- évaluez les avantages **ou** les inconvénients d'une telle année pour les jeunes
- donnez des exemples pour des besoins d'aide au sein de notre société
- décrivez les conséquences pour la (future) vie professionnelle des jeunes

Écrivez environ 400 mots.

Solltest du dir bei einem Thema nicht sicher sein, welche Position du einnehmen möchtest, dann mache dir zuerst eine Liste/Mindmap mit Argumenten dafür und dagegen. Dann wirst du erkennen, welche Position du besser vertreten kannst.

RAUM FÜR NOTIZEN:

LE RÉSUMÉ

Ein *résumé*/Zusammenfassung ist keine Textsorte, die bei der Reifeprüfung bzw. der Reife- und Diplomprüfung in Französisch an österreichischen Schulen verlangt wird. Du brauchst diese Textsorte, wenn du beispielsweise ein Zertifikat der Pariser Handelskammer auf Niveau B2 ablegen möchtest.

Ein *résumé*/Zusammenfassung ist eine kurze, präzise Version eines längeren Textes **in eigenen Worten**.
Die wichtigsten Aussagen/Punkte des Originals, die Meinung der Autorin/des Autors und die gedankliche Struktur des Textes sollen erhalten bleiben. Man berichtet nur, man gibt wieder, was jemand anderer geschrieben hat – kürzer und in eigenen Worten. Ein *résumé*/Zusammenfassung ist objektiv und formell.

Die Schwierigkeiten, ein *résumé*/Zusammenfassung zu schreiben, liegen darin:

- die inhaltlichen Aussagen nicht zu verändern, jedoch mit eigenen Worten auszudrücken,
- die Länge des Originals wesentlich zu kürzen (ca. auf ein Drittel oder sogar ein Viertel), aber dabei keine essentiellen Informationen zu vergessen.

Der Zweck eines *résumé*/Zusammenfassung ist es, den Inhalt eines Textes jemandem zu vermitteln, der den Originaltext nicht kennt und nicht gelesen hat. Wenn du *résumés*/Zusammenfassungen üben möchtest, so kannst du dafür ganz einfach die Texte aus dem Kapitel *Comprehension écrite* heranziehen.

Der Aufbau eines *résumé*/Zusammenfassung kann sich aber in verschiedenen Ländern, bei verschiedenen Prüfungsarten unterscheiden.
Hier geben wir dir einige Grundregeln für ein *résumé*/Zusammenfassung, so wie es in Frankreich und/oder bei französischen Zertifikatsprüfungen auf Niveau B2 verlangt wird.

- Fasse deinen Text im Präsens ab.
- Unterscheide Wesentliches von Unwesentlichem.
- Nimm nur die wichtigsten Gedanken und Fakten in das *résumé*/Zusammenfassung auf (keine Beispiele, Beschreibungen u.ä.).
- Schreibe einen zusammenfassenden Einleitungssatz, der das Thema des Textes vorstellt.
- Vermeide aber Einleitungssätze wie:
    - Der Text stammt aus …
    - Die Autorin/Der Autor des Textes beschäftigt sich darin mit dem Thema …
- Vermeide es, ganze Sätze oder sogar ganze Passagen dem Text zu entnehmen und aneinanderzureihen.
- Wähle einen sachlich-neutralen Stil. Versuche nicht die Ausdrucksweise der Autorin/des Autors zu übernehmen.
- Vermeide Werturteile und Stellungnahmen. Du sollst nicht zum Ausdruck bringen, ob du die Ansichten der Autorin/des Autors teilst oder nicht, ebenso wenig, ob du die Darstellung gut findest oder nicht.
- Vermeide die direkte und, wenn möglich, auch die indirekte Rede.

Wenn du einen Text liest, den du zusammenfassen möchtest, dann achte vor allem auf die sogenannten *articulateurs logiques* (Bindewörter), die die logische Verknüpfung zwischen den einzelnen Ideen/Informationen des Textes herstellen.

Ein *résumé*/Zusammenfassung fasst alle wesentlichen Punkte/Informationen eines Textes in circa einem Drittel (der Wörter) des ursprünglichen Textes zusammen.

Sollte dein *résumé*/Zusammenfassung zu lang sein, dann versuche umzuformulieren, kürzer zu formulieren, lasse aber keine Ideen/Gedanken weg, außer du bemerkst, dass sie unwesentlich sind.

EXEMPLE POUR UNE PRODUCTION ÉCRITE

Du findest hier ein Beispiel für eine Textproduktion auf dem Niveau B1. Dieses Beispiel bezieht sich auf die Aufgabenstellung *Tâche 3 Vendre un produit* – B1 aus dem Kapitel *dépliant*.

Dies war die Aufgabenstellung:
Situation: Vous travaillez pour une société autrichienne. Elle cherche des clients en France à qui elle veut vendre son nouveau produit. Vous devez donc créer un dépliant.

Dans votre dépliant, vous

- présentez votre entreprise et ses points forts
- montrez les avantages de votre nouveau produit
- expliquez les conditions de vente

Écrivez environ 200 mots.

Lies dir nun die Schülerarbeit auf der nächsten Seite durch und beantworte folgende Fragen:

1. Ist der Text übersichtlich gestaltet und gut gegliedert?
2. Wurden die drei Bullet Points ausgewogen behandelt?
3. Wurde die Textsorte durchgehend eingehalten?
4. Sind die Überschrift und die Unterüberschriften aussagekräftig?
5. Sind die Ideen und Beispiele für die Zielgruppe interessant? Versuche weniger interessante durch andere zu ersetzen.
6. Wird die Leserin/der Leser direkt angesprochen? Versuche ein oder weitere Beispiele dafür zu geben, wie man die Leserin/den Leser direkt ansprechen kann.
7. Gibt es Aufzählungen oder Nummerierungen?
8. Welche passenden Vokabel und Strukturen wurden verwendet? Unterstreiche sie in einer Farbe.
9. Gibt es Grammatik-, Ausdruck- und/oder Rechtschreibfehler? Streiche sie an und stelle sie am Rand richtig.

Gib der Verfasserin nun Feedback. Was hat dir gut gefallen? Welche Aspekte der Texte Broschüre/*dépliant* hat sie schon gut umgesetzt? Was könnte sie deiner Meinung nach noch besser machen?

Mein Feedback:

Text einer 17-jährigen Schülerin aus Niederösterreich

La innovation flambant neuf – le WiFi ordinateur portable

Notre entreprise
L'entreprise ELEQU est une entreprise très grande. La société a été créée en 1956. A l'origine, c'était une société familiale. Nous sommes une PME et la forme juridique est une SARL. Nous avons plusieurs succursales et trois emplacements: un siège social et deux unités de production. Le siège social se trouve en Bas Autriche. Notre métier est la production et la commercialisation des articles électroniques. Nos effectifs s'élèvent à 130 personnes dont 80 ouvriers, 40 employées et 10 cadres.

Notre nouvelle innovation
Nous vous présentons avec plaisir notre nouveau produit «WiFi ordinateur portable». Avec sa résolution particulièrement haute il est l'appareil idéal pour le jour et le nuit. Notre nouvelle innovation est équipée avec de technologie d'avenir. Vous pouvez faire des transactions bancaires en ligne, communique avec vos amis via Skype ou Facebook et écrire plus vite grâce au programme Word.

Les conditions de vente
Le prix est € 665,83. Notre produit a beaucoup d'avantages comme une garantie de 2 années. En plus, nous pouvons vous assurer une livraison immédiate. Aussi nous avons l'intention de vous accorder un rabais.

Notizen

Wenn du selber einen noch passenderen Text verfassen möchtest, dann lies zuerst im Kapitel *Fonctions* auf S. 109 *Décrire et caractériser des personnes et des choses*, auf S. 114–115 *Demander et donner des renseignements/informations dans le domaine professionnel* und auf S. 118 *Demander et donner des précisions* nach.

RAUM FÜR NOTIZEN:

VOCABULAIRE EN CONTEXTE

MODERNE TECHNOLOGIEN: KOMMUNIKATION UND SOZIALE NETZWERKE

Les outils des technologies modernes

un ordinateur (portable)
une tablette
un smartphone
un téléphone portable

une webcam (intégrée)
un agenda électronique
une boîte vocale
une connexion (internet)
un serveur
un écran tactile / un pavé tactile
une plateforme

le GPS
un logiciel
un site Web
une page d'accueil

un réseau (social)
un télé-guichet
un spam / pourriel
un jeu en réseau
une application
un navigateur (GPS / Internet)

le chat
une imprimante
un moteur de recherche
le streaming / la diffusion en continu

le multimédia
le wifi / le réseau sans fil
un scanner
une clé USB
la transmission de données
un signet / un marque-page

Verbes d'action

allumer un ordinateur
démarrer l'ordinateur
effacer (un mél, un mot, un document)
éteindre l'ordinateur / la tablette

copier un texte / un passage
coller un texte / un passage

sauvegarder un document
envoyer (un mél, SMS, document)
recevoir (un mél, SMS, document)
avoir accès à quelque chose
stocker des photos / des données

être planté, -e
se planter
regarder son courrier

lire / consulter ses mails / courriels

télécharger quelque chose
télécharger quelque chose vers une plateforme
compliquer la vie / le travail
faciliter la vie / le travail
taper un texte
capter le wifi
numériser quelque chose

chatter avec des amis
jouer des jeux en réseau
jouer à l'ordinateur

aller sur des réseaux sociaux (aller sur Facebook...)
visiter des sites
regarder des séries en streaming

se connecter à Internet
surfer sur Internet
rechercher sur Internet
s'installer devant son écran
cliquer sur un lien

L'utilisation des technologies modernes

la formation en ligne / l'e-learning
une visioconférence
la vidéotéléphonie (Skype)

un enseignement à distance
un travail collaboratif

la formation à distance
la classe / l'école virtuelle
une entreprise virtuelle (p.ex. EEP)
une visite virtuelle
des jeux sérieux

un espace numérique de travail
un manuel / livre numérique
l'apprentissage (m.) mixte (blended learning)

Der französische Ausdruck für E-Mail ist *mél*, aber auch die Schreibweise *mail* ist üblich.

Tâche 1 Vanter un ordinateur portable

Insère les mots qui manquent dans le texte, puis cherche les expressions équivalentes en allemand.

> Beachte Wortart, Verbform und Art des fehlenden Satzteiles, dann wird es dir leicht(er) fallen, diese Übung zu machen.

un pavé tactile	se glisser	une autonomie	ne manque pas
doté	customisé	zoomer	dispose
offre	emporter		

Marisa a acheté un ordinateur portable qui a été ____________________ par un styliste. Cet ordinateur portable est compact et léger (1,22 kg) et intègre la technologie la plus moderne.

Philippe travaille sur un ordinateur portable qui ____________________ d'atouts: un poids léger, un clavier large et ergonomique, ____________________ qui permet de ____________________ et d'effectuer des rotations.

Véronique voudrait avoir un ordinateur portable performant et très élégant. Léger, ____________________ d'un écran de 10,1 pouces et ayant ____________________ de 6 à 8 heures. Il devrait facilement ____________________ dans son sac.

Moi, j'ai un ordinateur portable qui ____________________ un très bon rapport qualité-prix, car ce produit ____________________ non seulement d'une webcam intégrée, mais aussi d'un disque dur de 160 giga-octets ... Et tout ça en restant ultra-léger (1,02 kg). Ainsi, je peux l' ____________________ partout.

Tâche 2 Les avantages et les inconvénients des smartphones

Mets un (–) après les avantages et un (-) après les inconvénients.

on peut les emporter partout	on les utilise en conduisant sans kit mains-libres
on est joignable à tout moment	on peut utiliser Internet / des applications
on s'en sert dans les moyens de transport publics	on peut apprendre à l'aide d'un smartphone
on les utilise à table / au restaurant	on peut prendre de belles photos
on peut faire de petites vidéos	on peut appeler du secours
on communique de moins en moins directement	on se sent plus sûr, -e
on se balade les écouteurs dans les oreilles	on peut contacter ses enfants
on peut jouer sur un smartphone	on peut savoir où on est grâce à GoogleMaps

> Erstelle danach eine Liste mit den Vor- und Nachteilen und ergänze sie mit deinen eigenen Ideen.

> Beschreibe nun mit Hilfe der Vokabel und Strukturen dein Smartphone/deinen PC und seine Funktionen. Äußere auch deine Meinung, ob es/er für dich wichtig ist und warum.

WOHNEN UND UMGEBUNG

Qui habite / vit où ? Que trouve-t-on en ville / à la campagne ?

Solltest du diese Wörter nicht alle kennen, dann schlage ihre Bedeutung in einem (Online-)Wörterbuch nach.

Hier findest du einige Vokabel, die dir helfen, diese Fragen zu beantworten.

En ville

un / e citadin / e
un SDF (un sans domicile fixe)
un / e mendiant / e
au centre-ville
en banlieue
un arrondissement
un quartier
un immeuble
un deux-pièces / trois-pièces
un studio
un logement en colocation
une grande / petite / ville
une ville moyenne
une agglomération
un gratte-ciel
un centre commercial
une grande surface
une station de métro / de taxis
une zone piétonne
une habitation à loyer modéré = un HLM
un musée
un hôtel de ville
un hôpital
une opéra / un théâtre
un aéroport
un stade
une piscine (couverte)

À la campagne

un / e campagnard / e
un habitant rural
un petit village
une maison de campagne
une petite cabane
une résidence secondaire
à la montagne
sur une colline
dans un bassin
en forêt
en pleine nature
une ferme
un / e paysan / ne
un agriculteur
un magasin
une épicerie
une boulangerie
une boucherie
une mairie

Dans les deux

un / e habitant / e
un / e résident / e
un / e voisin / e
un espace vert
un parc
un jardin
un endroit
un emplacement
un logement (écologique / en location)
un appartement (partagé)
une grande / petite maison
une villa
un bâtiment
un bureau de tabac
une pâtisserie
un supermarché
un café
un arrêt de bus
une gare
un moyen de transport public
un terrain de tennis

Tâche 3 Les pièces et les meubles

A) Que fait-on normalement dans quelle pièce de la maison ? Associe les parties correctes.

1. On dort
2. On prépare les repas
3. On range les vieilles affaires
4. On fait sa toilette
5. On regarde la télévision
6. On prend les repas
7. On garde le vin
8. On enlève les chaussures
9. On met l'aspirateur

- ☐ **A** dans la salle à manger.
- ☐ **B** dans la chambre.
- ☐ **C** dans la cave.
- ☐ **D** dans le grenier.
- ☐ **E** dans le débarras.
- ☐ **F** dans la cuisine.
- ☐ **G** dans l'entrée.
- ☐ **H** dans le salon / la salle de séjour.
- ☐ **I** dans la salle de bains.

B) Dans quelle pièce trouve-t-on ces meubles ? Associe les parties correctes.

1. une table de nuit
2. une baignoire
3. un four à micro-ondes
4. un buffet
5. un canapé
6. une garde-robe
7. une étagère
8. une armoire
9. un meuble TV à roulettes

- ☐ **A** dans la salle à manger.
- ☐ **B** dans la chambre.
- ☐ **C** dans le bureau.
- ☐ **D** dans le salon.
- ☐ **E** dans la salle de séjour.
- ☐ **F** dans la cuisine.
- ☐ **G** dans l'entrée.
- ☐ **H** dans le débarras.
- ☐ **I** dans la salle de bains.

Verbes d'action

vivre
habiter
(se) loger
louer un appartement
acheter
rénover
renouveler
bâtir
(se faire) construire une maison

être situé, e
se situer
se trouver
déménager
changer de domicile
choisir un domicile
continuer à vivre

faire la navette
prendre un moyen de transport
aller en voiture / en train / en bus / à vélo

se déplacer en voiture / en train / en bus / à vélo

> **i** Denke bei Schreibaufgaben daran, dass durch die Verwendung von Ortsangaben deine Beschreibungen detaillierter werden, z. B. *Je ne vis pas trop loin du centre-ville. La résidence secondaire de mes parents est située à vingt minutes à pied au village, en pleine nature.*

Tâche 4 Emploi des adjectifs

À l'aide des adjectifs suivants tu peux décrire ton domicile, ton logement ou ton environnement.
Classe-les dans les cases suivantes :

attrayant, -e	surpeuplé, -e	pollué, -e	magnifique
rural, -e	bruyant, -e	spacieux, -se	clair, -e
urbain, -e	pittoresque	paisible	calme
pur, -e	habitable	animé, -e	dépeuplé, -e
sale	sûr, -e	sombre	agité, -e

positif	neutre	négatif

Beachte, dass die hier verwendeten Vokabel keineswegs alles abdecken. Lege dir daher thematische Wortschatzlisten an und ergänze sie regelmäßig.

Donner des détails sur l'environnement

un paysage magnifique / pittoresque
au pied de la montagne
dans une plaine fertile
sur la rive gauche / droite de ...
au bord de la mer / d'un lac
au cœur de ...
dans la belle vallée de ...

dans un cadre montagneux impressionnant
sur une colline
un environnement rural / urbain
un milieu rural / urbain
un environnement paisible / tranquille
en pleine ville / nature
très / peu peuplé, -e

ERNÄHRUNG UND GESUNDHEIT

Nourriture saine / se nourrir sainement

fruits et légumes
manger assez de fruits et de légumes
manger lentement
l'eau (minérale plate / gazeuse, du robinet)
boire suffisamment d'eau
une boisson non sucrée
boire de l'alcool avec modération
des produits frais
cuisiner à base de produits frais
riche en fibres végétales
équilibrée en calories
s'alimenter sainement / d'une manière équilibrée
choisir soigneusement / sélectionner avec soin
les produits locaux et saisonniers
un pain du blé entier

Nourriture malsaine / se nourrir d'une façon malsaine

le fast-food
manger trop souvent du fast-food
manger sur le pouce
une boisson sucrée / de la limonade
boire trop de limonade
l'alcool (m)
accompagner tous les repas d'alcool
des produits précuits
se nourrir exclusivement par des produits précuits
riche en matières grasses / en sucre / en sel
pauvre en vitamines
suivre un régime (miracle)
les sucreries (f) en grande quantité
manger n'importe quoi
les produits importés de pays lointains
des grignotages (m)
grignoter des chips devant la télé

Bevor du eine Aufgabe zum Thema Ernährung und Gesundheit machst, wiederhole alle Vokabel zu den verschiedenen Nahrungsmitteln aus deinem Lehrbuch.

Tâche 5 Des repas équilibrés

Complète le texte avec les mots suivants :

une salade de fruits	des pommes de terre	un jus de fruits	un yaourt	verre d'eau
des crudités	de la viande grillée	pain du blé entier	une soupe	de fromage

Au petit déjeuner, on ne devrait pas manger des pâtisseries, mais on devrait se préparer plutôt __________ avec des oranges, des bananes, des pommes. Au lieu d'une baguette, on pourrait se faire une tartine avec une tranche de __________. Une bonne tasse de café ne doit pas manquer, mais on pourrait finir le petit déjeuner avec un __________.

Le midi, c'est préférable de ne pas manger sur le pouce, mais de prendre son temps. Même si on travaille, on peut choisir __________ ou une salade avec __________ au lieu d'un hamburger chez McDo. Au lieu d'un coca il vaut mieux choisir __________ sans sucre.

Le soir, au dîner, prenez __________ comme entrée, de la viande avec __________ ou des légumes comme plat principal et __________ en dessert. Finissez le repas avec un morceau __________.

Facteurs de la bonne / mauvaise santé

le mode / style de vie
le manque d'activité physique
le manque de sommeil
fumer / ne pas fumer
le temps libre
les bonnes relations amicales / professionnelles
le silence

la gestion du stress
le changement de ses habitudes

le contrôle du poids corporel
une activité physique régulière
dormir suffisamment
la réduction / la prévention du stress
l'organisation de son temps
l'offre médicale : les hôpitaux, les cabinets des docteurs ...
le rythme de vie (accéléré)

la résistance à la tension

le surpoids / l'obésité
le sport / les activités sportives
bouger régulièrement
le repos après le travail
le bruit
la possibilité de consulter un médecin
la disponibilité permanente / constante
le harcèlement

Tâche 6 Mode de vie sain

Complète par les verbes qui manquent.

Beachte Verbform und Art des fehlenden Satzteiles, dann wird es dir leicht(er) fallen, diese Übung zu machen.

dorment	harcelés	mener	gèrent	bougent
contrôlent	consulter	réduire	suivent	organiser

Comment peut-on ______________ une vie saine ? C'est une question que beaucoup de personnes se posent. Est-ce essentiel de ______________ régulièrement un médecin ou est-ce qu'il suffit de bien ______________ ses activités quotidiennes / ses journées ? Ce qui est évident c'est que les gens qui ______________ paisiblement et suffisamment sont plus résistants au stress. Ils sont plus dynamiques et ______________ mieux le stress sur le lieu de travail.

S'ils sont ______________ par des collègues ce qui arrive rarement, ils réagissent d'une manière calme.

Pendant leur temps libre, ils ______________ régulièrement, mais ils n'exagèrent pas.

Ils ne mangent pas trop et ______________ leur poids corporel, mais ne ______________ pas de régime. Pourtant, ils essaient de ______________ la consommation de matières grasses et d'alcool.

SCHULE UND AUSBILDUNG

Niveau d'éducation

l'enseignement pré-primaire (m)
l'enseignement primaire (ou **élémentaire**): début de l'enseignement obligatoire, à l'âge de six ans environ
l'enseignement secondaire: premier cycle (obligatoire, jusqu'à 15 ans) et deuxième cycle (menant au baccalauréat, passé à 18 ou 19 ans)

l'enseignement tertiaire: suit généralement l'enseignement secondaire, mène à un diplôme universitaire

Types d'écoles

une (école) maternelle, une crèche
une école primaire (ou élémentaire)

une école secondaire générale (cf. collège en France)
un lycée de culture générale (offrant différentes filières, durée: 4 années)
un lycée technologique (offrant différentes filières à vocation professionnelle, durée: 5 années, équivalant bac +1)

universités (f), écoles de sciences appliquées, hautes écoles spécialisées

Matières enseignées

langues étrangères (f)
le russe
la physique
le dessin
l'allemand (m)
l'éducation civique (f)
l'anglais (m)
le latin
la comptabilité
le droit

le grec ancien
le français
les mathématiques (m)
la gestion d'entreprises
l'éducation physique (f)
l'entreprise (f) d'entraînement pratique (EEP)
le développement personnel et la compétence sociale

l'italien (m)
la biologie
l'informatique/TICE
la religion
l'espagnol (m)
la chimie
la musique
l'histoire (f)

Phrases utiles pour parler de l'école

Je vais à l'école à ...
Je fréquente une école de/d' ...
Je suis en classe de première/deuxième etc.
J'ai/j'apprends le/la/les ...
Mes matières sont ...
Ma matière préférée est ...
Ce que j'aime le plus c'est ...
Ce que j'aime le moins c'est ...

Nous sommes (environ) ... élèves dans la classe.
Le .../la ... et les ... sont des matières obligatoires.
Le proviseur de notre école est ...

En général, l'école commence/finit à ... heures ...
Le lundi/mardi ... j'ai cours de ... heures ... à ... heures
J'ai ... heures de cours par semaine.
Une heure de cours dure ... minutes, la petite/grande pause dure ... minutes
Nous (n') avons (pas de) une pause de midi.
Dans notre école/lycée il (n') y a (pas de) une cantine.
Notre professeur principal est ... Il s'occupe de ... Il enseigne ...
Normalement nos professeurs sont ...
Nous avons le choix entre plusieurs matières facultatives.
Le concierge s'occupe de ...

Tâche 7 Trouver des verbes qui vont avec le mot « examen »

Mets une croix devant les verbes qui vont avec le mot « examen ».

- ☐ faire
- ☐ étudier pour
- ☐ effectuer
- ☐ réussir (à)
- ☐ participer à
- ☐ reprendre
- ☐ régler
- ☐ se présenter à

un examen

- ☐ passer
- ☐ apprendre
- ☐ se préparer à
- ☐ échouer à
- ☐ prendre
- ☐ préparer
- ☐ travailler pour
- ☐ démarrer

un examen

Tâche 8 Ce que des élèves font

Choisis l'expression correcte des mots *en italique*.

Des élèves

vont à l'école
suivent/font un cours
montent/passent dans la classe supérieure
font/paient attention
arrivent/viennent en retard
ont/sont à l'heure
apprennent/travaillent par coeur
copient des textes *sur le/du* voisin
trompent/trichent lors d'une interrogation
bavardent *dans la/en* classe
refont/redoublent une classe
sont exclus *des cours/de l'école*

Tâche 9 Ce que des professeurs font

Dresse une liste des choses que les professeurs font.

Des professeurs préparent les cours,

- ______________________________
- ______________________________
- ______________________________
- ______________________________
- ______________________________
- ______________________________
- ______________________________

ARBEITSWELT UND PERSÖNLICHE PERSPEKTIVEN

Orientation professionnelle

commencer / terminer une formation
opter pour une formation / une filière / une faculté
obtenir / présenter un diplôme
avoir / manquer de l'expérience
s'orienter vers ...

Les secteurs économiques

le secteur primaire : l'agriculture, l'élevage, la sylviculture ...
le secteur secondaire : industries, agro-alimentaire, la production, ...
le secteur tertiaire : les services, les banques, l'enseignement, le commerce, ...
un prestataire de services
une branche d'activité
le secteur de l'entreprise :
un groupe international dans le domaine de ...
une société spécialisée dans ...

Embauche

une offre d'emploi
avoir le / correspondre au profil recherché
soumettre / poser sa candidature
postuler pour un emploi
écrire une lettre de motivation et un CV (curriculum vitae)
un contrat à durée (in)déterminée – CDD (CDI)
un stage, un / e stagiaire
recruter / embaucher / engager quelqu'un
la DRH – direction des ressources humaines
être embauché, -e par le recruteur
(se présenter à) un entretien d'embauche
un travail à temps partiel / à plein temps
être employé, -e à plein temps
travailler à temps partiel
un atout
maîtriser quelque chose
avoir des compétences en
avoir des (bonnes) connaissances en ...
avoir des capacités de / d' + nom
être à l'aise avec ...
parler couramment une langue
avoir l'esprit d'équipe
un salaire (fixe), la rémunération
convaincre le recruteur

Le monde du travail

la main d'œuvre
les employés (m), le personnel, les effectifs (m)
l'employeur
la compétitivité
faire face à la concurrence
s'adapter à quelque chose
la mondialisation
investir, un investissement
exercer un métier (d'avenir)
offrir / profiter d'une formation continue
l'apprentissage tout au long de la vie
être au chômage
perdre son travail / poste
être licencié, -e
avoir des difficultés à trouver un travail
le télétravail
la génération stagiaire
les horaires de travail fixes / modulables
faire des heures supplémentaires
un jour férié
le congé (payé)
faire le pont

Perspectives personnelles

avoir la possibilité de faire carrière / d'avancer
devenir cadre (moyen, supérieur)
occuper un poste de responsabilité
être responsable de service
gérer une équipe de ... personnes
gagner bien sa vie
s'épanouir personnellement
réaliser ses rêves
profiter de ses études / diplômes
mettre en pratique ses connaissances
aider les autres
travailler dans un pays étranger
partir en voyage d'affaires / en mission
acquérir des expériences (professionnelles)
nouer des contacts avec des entreprises et des personnes
se perfectionner dans une langue
élargir son horizon

Tâche 10 Quels sont les qualités recherchées par les employeurs ?

Coche les qualités qui te semblent être « recherchées ».

Les employeurs cherchent des personnes ...

- ☐ créatives
- ☐ ambitieuses
- ☐ passionnées
- ☐ ponctuelles
- ☐ bien habillées
- ☐ serviables
- ☐ relationnelles
- ☐ qualifiées
- ☐ bien organisées
- ☐ motivées
- ☐ persévérantes
- ☐ prudentes
- ☐ indépendantes
- ☐ de bonne humeur
- ☐ autonomes
- ☐ fiables
- ☐ compétentes
- ☐ mobiles
- ☐ conscientes de leurs responsabilités
- ☐ flexibles / souples
- ☐ sures d'elles-mêmes
- ☐ pleines d'énergie
- ☐ capables de travailler en équipe
- ☐ enthousiastes
- ☐ courageuses
- ☐ résistantes au stress
- ☐ entreprenantes

Mache dir eine Liste aller positiven Eigenschaften; schlage Wörter, die du nicht kennst, in einem (Online-)Wörterbuch nach.

Überlege, welche Eigenschaften auf dich zutreffen. Dann kannst du diese Ausdrücke z.B. in einem Bewerbungsschreiben, einem Mail über dich selbst oder auch in einem Bericht über ein Praktikum verwenden.

Tâche 11 Ce que les employés aiment / n'aiment pas dans leur travail

Mets un (+) après ce qu'ils aiment et un (-) après ce qu'ils n'aiment pas.

la sécurité de l'emploi
trop de stress
la possibilité de faire carrière
des heures supplémentaires non rémunérées
des tâches variées
des heures de travail souples
le manque de formation continue
des semaines de congés prescrites / une fermeture annuelle de l'entreprise
une bonne ambiance
un travail monotone
un poste mal payé
une tension (psychique) forte
un supérieur compréhensif
travailler le week-end
un changement de personnel fréquent
une organisation hiérarchique trop stricte

Tâche 12 Avantages et inconvénients du télétravail

Mets un (+) après les avantages et un (-) après les inconvénients

on travaille exclusivement à l'ordinateur
on peut organiser librement son temps
il faut être discipliné, -e
on travaille de manière autonome
on travaille seul, -e
la communication personnelle avec des collègues impossible
ce n'est pas le temps passé au bureau qui compte
on gagne du temps
ce qui compte ce sont les résultats
on ne doit pas faire la navette
on évite les embouteillages
moins de contacts sociaux
pas de contrôle direct par les supérieurs
c'est difficile de séparer le temps libre du travail / ... de tracer une ligne entre travail et temps libre
il ne faut pas quitter la maison
il ne faut pas porter de vêtements chic

FREIZEITVERHALTEN UND SPORT

Les activités de loisirs / les loisirs

regarder la télévision / des vidéos sur YouTube
écouter de la musique
jouer d'un instrument
chanter dans une chorale / un groupe
lire des livres / romans / magazines / des blogs (en ligne)
surfer sur le Net
jouer des jeux à l'ordinateur
bricoler
sortir avec des amis / copains / copines
faire nuit blanche
faire du jardinage
tourner de petites vidéos
passer du temps en famille
jouer à des jeux p.ex. aux échecs / aux cartes
visiter une exposition / un musée

danser / aller en boîte
aller au café / au restaurant / dans un bar
ne rien faire / paresser

aller au cinéma / au théâtre / à l'opéra
assister à un concert
organiser un pique-nique
faire un barbecue
inviter des amis (à dîner)
faire la cuisine avec des amis
faire des mots croisés
écrire un blog
voyager
collectionner quelque chose

Dire combien de fois on pratique ces activités

tous les jours	régulièrement	(bien) souvent	rarement
toujours	une / deux ... fois par jour / semaine / mois	parfois / quelquefois	à peine
presque chaque jour	plusieurs fois	de temps en temps	presque jamais

Les activités sportives

Activités

faire du tennis, du football, de la boxe ...
faire de la randonnée (pédestre), des promenades
faire du parapente, du parachute ...
jouer au basketball, volleyball, beach-volley ...
aller au centre de remise en forme / de fitness
faire de la musculation, des exercices (cardiovasculaires / physiques), de l'aérobic ...
faire du vélo, du VTT, du vélo de course
faire des sports nautiques : de la natation, de la plongée, de la planche à voile, de la voile ...
faire du jogging, du footing
faire du ski, du snowboard, de la luge

Entraînement / pratique d'un sport

pratiquer un sport régulièrement
s'entraîner une / deux ... / plusieurs fois par semaine
profiter d'une occasion pour faire du sport
préférer les sports d'été / d'hiver
faire des exercices pour ... minutes
fréquenter un club de sport pour ...

adhérer à un club de sport
faire du sport dans un club / au sein d'un club

participer à une compétition

Les raisons pour lesquelles on fait du sport

rester en forme/en bonne santé
augmenter la performance/capacité physique/intellectuelle
obtenir de l'endurance physique
perdre des kilos
mieux contrôler ses émotions p.ex. l'angoisse
passer son temps libre à faire des choses utiles
trouver/se faire de nouveaux amis
oublier le train-train quotidien
développer son esprit d'équipe
retrouver de l'énergie
éliminer la fatigue
pour le plaisir

améliorer son état de santé
augmenter sa créativité
atteindre une plus grande capacité de concentration
apprendre à être discipliné, -e
apprendre à gagner et à perdre
devenir plus sûr de soi même
réduire le stress
se changer (un peu) les idées
réduire le risque de tomber malade
reprendre son équilibre
entraîner ses muscles
passer son temps libre à faire quelque chose de sain

Mit *pour* oder *afin de + infinitif* kannst du etwas begründen.

Im *Annexe* findest du eine Reihe von *connecteurs logiques*, mit denen du ebenfalls Gründe angeben kannst.

Tâche 13 Activités de loisirs

Complète par les mots qui manquent.

Beachte Verbform und Art des fehlenden Satzteiles, dann wird es dir leicht(er)fallen, diese Übung zu machen.

jouer	chanté et dansé	orchestres	mauvais	instrument
exposition	amusant	fantastique	reposée	ennuyeux

Marie-Laure raconte: J'ai passé quinze jours sur la Côte d'Azur. Là, j'ai visité une ____________________ dans le musée d'art moderne, c'était vraiment super, même ____________________! Un jour, je suis allée voir un film dans un cinéma à Cannes. Les acteurs étaient ____________________ et le film ____________________, alors je suis partie avant la fin!

Ce qui m'a plu, c'était la Fête de la Musique. Là, tout le monde peut ____________________ d'un ____________________ de musique dans la rue. Il y a de petits ____________________ partout. C'est ____________________! J'ai ____________________ toute la nuit. Le lendemain, je me suis ____________________.

GELD UND EINKAUFEN

Le shopping

faire du shopping
des courses
les magasins
des achats (en ligne)
acheter quelque chose
s'approvisionner en ... dans + type de magasin
s'approvisionner en ... chez le producteur
une boutique
une boutique en ligne
une boutique de luxe
de marques
mono-marque
un magasin, p.ex. une épicerie, une boulangerie,
un bureau de tabac
un magasin de vêtements
de chaussures
de souvenirs etc.
un grand magasin
une grande surface/un supermarché

un marché (aux puces)
un centre commercial
un consommateur/une consommatrice
un client/une cliente
un vendeur/une vendeuse
le comportement de consommation
la société de consommation
le commerce en ligne/l'e-commerce

Adjectifs pour décrire des magasins

luxueux, -se
de haute qualité
spécialisé, -e
magnifique
extraordinaire

L'argent

l'argent (m)
l'argent de poche

la monnaie
une pièce de monnaie
un billet (de banque)
recevoir de l'argent (en cadeau)
avoir de l'argent
beaucoup d'argent
(trop) peu d'argent
assez d'argent
gagner de l'argent

avoir besoin d'argent

manquer d'argent = ne pas avoir assez d'argent
dépenser de l'argent
trop d'argent
économiser de l'argent
épargner de l'argent
déposer/verser de l'argent sur un livret d'épargne
ouvrir un compte en banque
retirer de l'argent à un distributeur (de billets)
effectuer un retrait d'argent
se servir d'/utiliser une carte bancaire
consulter son compte
mettre à découvert son compte
gérer (bien) son argent/son budget
gérer son argent avec aisance
régler/payer ses dépenses
prêter de l'argent à quelqu'un
emprunter de l'argent à la banque
rembourser de l'argent
gaspiller de l'argent

Tâche 14 Parler de l'argent

Choisis le verbe correct et complète le texte avec le verbe conjugué.

épargner	manquer	régler	emprunter
gaspiller	rembourser	gagner	dépenser
recevoir	consulter	retirer	avoir

Marc travaille comme responsable marketing. **Il** ______________________ bien sa vie, mais

il ______________________ plus qu'il ne gagne.

Sylvie est étudiante et **elle** ______________________ souvent d'argent. Quand elle ______________________

de l'argent en cadeau de ses grands-parents, elle le/l' ______________________ pour pouvoir louer un studio.

Paul et son frère sont des adeptes du commerce en ligne. Alors, **ils** ______________________ leurs dépenses par

carte de crédit.

Nous ______________________ de l'argent à la banque il y a deux ans. **Nous** en ______________________

150 euros chaque mois.

À l'aide d'une carte bancaire **on peut** ______________________ son compte et ______________________

de l'argent 7 jours sur 7 et 24 heures sur 24.

Si vous recevez cette prime, **vous** ______________________ assez d'argent pour faire ce voyage.

Tâche 15 Parler de l'argent – suite

Relie les questions et les réponses.

1. Combien coûte cette voiture?	☐	**A** J'ai trois pièces de 2 euros.
2. Ça coûte cher?	☐	**B** Non, par carte de crédit.
3. Cinq fois trois.	☐	**C** Oui, si tu me les rembourses.
4. Vous payez en espèces?	☐	**D** Ce n'est pas trop cher.
5. Vous avez de la monnaie?	☐	**E** Non, c'est presque gratuit.
6. Ce smartphone, je l'ai payé 250 euros.	☐	**F** Quinze.
7. Tu peux me prêter 10 euros?	☐	**G** Vingt-cinq mille euros.

TOURISMUS UND REISEN

Types de tourisme

le tourisme urbain
le tourisme vert / écotourisme
le tourisme pour les routards
le secteur du bien-être / le tourisme de santé
le tourisme d'été / estival
le tourisme balnéaire
le tourisme d'hiver / hivernal
le tourisme de masse
le tourisme culturel
le tourisme sportif
le tourisme forfaitaire / un voyage organisé
une croisière
un circuit
le tourisme solidaire
le tourisme d'affaires
un séjour (tout inclus)
une visite (guidée)
une excursion
une randonnée
un safari

Types de voyages / de vacances

un vol (à la dernière minute)
un voyage en voiture / en train / en autocar / en bateau
un voyage organisé
un voyage individuel
un voyage / des vacances de courte durée
un pont / un week-end prolongé
un voyage lointain
un voyage à l'étranger

Lieux de séjours

un hôtel (deux / trois ... étoiles)
un gîte rural
un terrain de camping
une auberge de jeunesse
une chambre d'hôte
un club de vacances
une résidence secondaire
un centre de vacances

Lieux à visiter

une ville / région
un monument
une curiosité
un musée (historique, océanographique, de Beaux-Arts, d'art contemporain / moderne ...)
une tour (p.ex. la Tour Eiffel)
une église / une cathédrale / un temple
une exposition
un château
un zoo
un jardin botanique / exotique
la vieille ville
un marché (aux fleurs, aux puces ...)
un parc naturel
une station de ski
une station balnéaire

Personnes impliquées

un/e touriste
un vacancier / une vacancière
un voyagiste
un tour-opérateur
un guide
un hôtelier
un agent de voyage

Expressions utiles:
Je pars en vacances / en voyage.
Je suis en vacances / en voyage.
Je prends des vacances / un congé.
Je passe mes vacances à / en / au / aux ...
Je pars à l'étranger. / Je vais à l'étranger. / Je fais un voyage à l'étranger.
Je voyage en voiture / en train / en autocar / en bateau.
Je prends l'avion.
Je fais le tour du monde.
Je voyage à des destinations lointaines.

Raisons pour partir / passer des vacances

pour se reposer
pour connaître d'autres cultures
pour faire du sport
pour visiter des monuments
pour apprendre / pratiquer des langues
pour oublier le train-train quotidien
pour se faire traiter (dans un centre de bien-être)

après le mariage : on fait un voyage de noces

pour faire une cure
pour rendre visite à la famille / aller voir la famille
pour vivre une aventure
pour aider les gens dans d'autres pays
pour réaliser ses rêves
pour bronzer à la plage
en récompense d'une année de travail

à l'occasion d'un anniversaire

DIE FRANZÖSISCHSPRACHIGE WELT

La francophonie, c'est l'ensemble de personnes qui parlent français.
Une personne francophone, c'est une personne qui parle français comme langue maternelle, comme langue d'enseignement ou comme langue étrangère.
La Francophonie, ce sont tous les états membres de l'Organisation internationale de la francophonie.

Les pays francophones

Les départements et territoires d'outre-mer de la France, p.ex. la Guadaloupe, la Réunion, la Martinique

la Suisse

le Canada
la Corse
Les anciennes colonies en Afrique, p.ex. l'Algérie, le Maroc, la Tunisie (= le Maghreb), le Sénégal
la Belgique
le Luxembourg
Monaco
... et beaucoup d'autres

La langue

une langue majoritaire
minoritaire
officielle
étrangère
une langue de communication
d'enseignement
une communauté linguistique
francophone / anglophone / germanophone ...
s'exprimer dans une langue
parler bien / mal une langue
maîtriser une langue
baragouiner une langue
inculquer une langue à quelqu'un

SPRACHENLERNEN UND MEHRSPRACHIGKEIT

Einige wichtige Vokabel zu diesem Thema findest du auch unter „Die französischsprachige Welt" (Seite 104).

Apprentissage d'une langue

apprendre une langue

être bon, -ne / fort, -e en français / anglais …

être faible en …

(pouvoir) choisir une langue

une langue obligatoire / une langue facultative

une première / deuxième / … langue

une langue enseignée

apprendre une langue à l'école / au lycée / à la faculté

(re)faire une interrogation écrite / orale

passer un examen écrit / oral

suivre un cours dans une école de langue

passer un test d'orientation

décrocher un diplôme (de langue)

Comment apprendre une langue

suivre un cours

avec un / à l'aide d'un professeur

en groupe / avec un groupe d'apprenants

apprendre la grammaire / le vocabulaire

faire des exercices

écrire des devoirs

faire des jeux de rôles

écouter des chansons

regarder des vidéos / films en version originale

chatter avec des locuteurs natifs

aller dans le pays / partir à l'étranger

lire des livres / journaux

surfer sur le Net / Internet

utiliser des applications

Les compétences

la compréhension écrite / comprendre un texte écrit

la compréhension orale / comprendre un audio / une vidéo

la production d'un texte / la production écrite / écrire ou rédiger un texte

la production orale / l'expression orale

une conversation / tenir une conversation

la communication orale / communiquer oralement

mener une discussion

un dialogue / une interaction orale / dialoguer / interagir oralement

la simulation d'une situation authentique / simuler une situation

un monologue / parler en continu

faire une présentation / présenter quelque chose

une compétence langagière

les connaissances (f) en langues étrangères

Le plurilinguisme

être bilingue

trilingue

multilingue / plurilingue

parler / maîtriser plusieurs langues

la diversité linguistique

le dialecte / la langue standard

Avantages du plurilinguisme

savoir communiquer avec les habitants d'un pays / en vacances

avoir un atout dans son CV

pouvoir travailler dans un contexte multilingue

capacité à faire des affaires avec des partenaires étrangers

avoir de meilleures chances pour trouver un poste

satisfaction personnelle / être satisfait, -e personnellement

possibilité de faire des études ailleurs / dans un autre pays

(mieux) comprendre des personnes d'autres cultures

pouvoir utiliser Internet en version originale

pouvoir conserver les connaissances d'une langue parlée dans la famille

pouvoir communiquer dans les réseaux sociaux

avoir des perspectives d'amélioration de carrière

Wiederhole die Bildung des *gérondif*, dann kannst du stilistisch gut ausdrücken, wie man Sprachen lernt, z. B. ***en suivant*** *un cours*.

Tâche 16 Raisons pour lesquelles les gens n'apprennent pas de langues

Complète le texte par les expressions suivantes :

Beachte Wortart, Verbform und Art des fehlenden Satzteiles, dann wird es dir leicht(er) fallen, die folgenden Übungen zu machen.

manque de motivation	matériel inadapté	être découragés	manquent de temps
coûtent trop cher	ne sont pas doués	méthodes ennuyeuses	dans les médias

Les Européens ont malheureusement tendance à __________________ d'apprendre une autre langue. Pas mal d'entre eux pensent qu'ils __________________ pour les langues. Cela explique aussi leur __________________. En plus, beaucoup de personnes disent qu'ils __________________ pour apprendre une autre langue et que les cours __________________.
D'autres facteurs importants sont les __________________ et le __________________ ainsi que le manque d'occasion de lire et d'entendre cette langue __________________.

Tâche 17 Les Européens et leurs langues

Complète le texte par les expressions suivantes :

langues officielles	être capables	multilingues	niveau élémentaire
la Hongrie et le Royaume-Uni	langue maternelle	l'anglais et le français	langue étrangère

Pour la population européenne, la __________________ la plus parlée est l'allemand. Leur langue maternelle est presque toujours une des __________________ du pays où ils résident. Plus de la moitié des Européens parlent au moins une __________________. Les habitants du Luxembourg sont pour la plupart __________________. Parmi les pays où les gens parlent le moins de langues sont __________________. Les deux langues étrangères les plus parlées restent __________________.
La majorité des personnes qui parlent ces langues estiment que leurs capacités linguistiques dépassent le __________________. Ainsi, 44 % des personnes affirment __________________ de suivre les nouvelles à la télé ou à la radio.

WIRTSCHAFT UND GESCHÄFTSLEBEN

Stelle sicher, dass du alle diese Vokabel kennst.

Organisation d'une entreprise

un organigramme

le PDG = président directeur général
le directeur général / la directrice générale
le directeur commercial / la directrice commerciale
le directeur administratif et financier / la directrice administrative et financière
le directeur / la directrice de la production
des ressources humaines
un assistant / une assistante de direction
un / e responsable de service
un / e responsable des ventes
des achats
(du) marketing
de clientèle
de la comptabilité
de la qualité
export
un / e employé / e
un / e secrétaire
un / e comptable, un / e aide comptable

Comment décrire l'organisation d'une entreprise

Monsieur / madame + nom dirige … / est responsable de …
Il / elle a sous sa responsabilité …
Il / elle est assisté, -e par …
Il / elle collabore (étroitement) avec …
Il / elle s'occupe de …

Il / elle a pour mission de + infinitif

Il / elle est chargé, -e de + infinitif
Il / elle est en charge de + nom
Il / elle est à la tête de …

Il / elle gère une équipe de …

RAUM FÜR NOTIZEN:

Organisation d'une entreprise

le nom / la raison sociale de l'entreprise
la situation géographique
le siège social / l'emplacement / le lieu d'implantation
la taille d'une entreprise :
- une petite entreprise
- une moyenne entreprise
- une PME = petite et moyenne entreprise
- une grande entreprise

une entreprise de taille petite / moyenne / grande
l'historique :
- la date de création
- l'année de la création
- le (nom du) fondateur / la fondatrice

la forme juridique d'une entreprise :
- une entreprise familiale
- une entreprise individuelle
- une SARL = société à responsabilité limitée
- une SA = société anonyme
- une start-up = une entreprise en démarrage

les chiffres-clés :
- les effectifs / le nombre d'effectifs
- le chiffre d'affaires annuel / semestriel / trimestriel
- le bénéfice (net)
- les exportations – les pays importateurs
- la part à l'exportation

la clientèle :
- un client / une cliente
- des clients étrangers
- des clients habituels / fidèles / réguliers
- de nouveaux clients

Pour décrire l'activité d'une entreprise

Elle produit / fabrique des + nom
Elle est active dans la branche de ...
Elle construit des + nom
Elle exporte ses produits en / au / aux + nom de pays
Elle exporte vers le / la / les + nom de pays

Elle commercialise des ... / vend des ...

Elle développe de nouveaux produits.

Elle est le leader dans le domaine du / de la / de l' / des ...

Les événements importants

les journées portes ouvertes
une visite de clients (étrangers)
la participation à une foire / un salon
la présentation d'un nouveau produit

l'ouverture (f) d'une nouvelle filiale / succursale

un anniversaire de l'entreprise

Vente d'un produit

un produit / un article / une marchandise
la gamme de produits
les conditions de ventes
les conditions de livraison :
- par train / chemin de fer / route / avion
- immédiatement
- dans un délai de ... jours
- en quinze jours
- dans quinze jours
- sous quinzaine
- franco de port
- port dû

les conditions de paiement :
- en espèces
- par virement (bancaire)
- par transfert bancaire en ligne
- par chèque
- par carte bancaire / carte bleue
- par carte de crédit

LES FONCTIONS

DÉCRIRE ET CARACTÉRISER DES PERSONNES ET DES CHOSES

Personnes

Il est brun, grand, mince, intelligent, gentil ...
Elle est blonde, grande, mince, intelligente, gentille
Il est français / elle est française
(+ autres nationalités)
Il est autrichien / Elle est autrichienne d'origine ...
+ adjectif
Elle est (souvent) énervée / (toujours) chaleureuse ...
Il est souriant et sérieux.
Il / elle a l'air ... (+ adjectif**)
Il / elle est célibataire / marié, -e / séparé, -e / divorcé, -e ...
C'est une personne avec qui on peut ... (+ infinitif)
C'est une personne qui est toujours très ... (+ adjectif)
C'est une personne qui ne perd jamais la patience / la contenance.

Choses

Mon appartement est calme et clair.
C'est un appartement de ... pièces.

Il est (complètement) refait / modernisé.

Il est situé au rez-de-chaussée / premier étage ... *)

Cet appareil / outil / produit est (très) pratique à cause de ...
Il / elle pèse moins de ...
Il / elle permet de ... (+ infinitif) ...
C'est parfait pour ... (+ infinitif)

On peut s'en servir pour (+ infinitif) / comme (+ nom)

Grâce à ce produit, vous avez accès à ...

Les nouvelles à la télé sont intéressantes mais moins détaillées que les articles de journaux.

Vêtements

Le / la ... lui va très bien.

Les ... ne lui vont pas.
Les couleurs claires / foncées conviennent (parfaitement) à son type de peau.
Il / elle porte souvent un / une / des ...

Il / elle ne porte jamais de ...
Les vêtements qu'il / elle choisit sont toujours appropriés à ...

Ce vêtement en soie / en laine / en coton / en synthétique / en lin est vraiment chic
C'est un vêtement rayé / à carreaux / à pois.
Les vêtements de couleur bleue / grise / verte ... sont très à la mode cette année.
Les chaussures à hauts talons sont élégantes mais très chères.
Ce / cet / cette / ... je le / la trouve (+ adjectif**)
Ce ne sont pas mes ... Ils / elles sont trop ...

*) Hier kannst du aber auch alle anderen Ortsergänzungen einsetzen, die du schon gelernt hast, z.B. *à proximité de, loin de, à quelques mètres de* usw.

** Du kannst deine Aussagen über Personen und Dinge immer nuancieren = verstärken oder abschwächen, indem du *très / assez / plutôt / trop* oder *un peu* vor das Adjektiv setzt.

DÉCRIRE UNE SITUATION HYPOTHÉTIQUE

Si on me propose de ..., j'accepterai volontiers.
Si on vous propose de ... (+ infinitif), vous pouvez ... (+ infinitif)
Si on doit ..., on doit faire attention à ...
Si vous devez ... (+ infinitif), faites attention à ...
Je te/vous recommande de ... (+ infinitif), au cas où ... (+ conditionnel)
Au cas où ..., ce serait mieux de ...
Si c'était à refaire, je ...
Si jamais vous avez/n'avez pas/n'avez plus ..., vous pourrez ...
En cas de besoin, vous pourriez ...
Si je trouve un/une ... qui me plaît, je le/la prendrai.
Si on m'offre des études qui me plaisent à ... (+ lieu), j'y irai pour les faire.

Für die Verwendung der richtigen Zeiten schlage im Kapitel *Révision de grammaire en contexte* auf S. 133–135 *Les hypothèses: certaines (A2/B1), incertaines (B1/B2), non réalisées – le regret (B2)* nach.

Wenn du die Anwendung dieser Zeiten üben möchtest, dann kannst du die ersten drei und die letzten zwei Sätze aus *Décrire une situation hypothétique* gut dafür verwenden. Vervollständige dabei die Sätze gleich mit passenden Ideen/Aussagen, z. B. *Si on m'avait proposé de passer mes vacances aux Caraïbes, j'aurais accepté volontiers*.

EXPRIMER DES GOÛTS ET DES PRÉFÉRENCES

Exprimer ce qu'on aime / des goûts

J'aime	bien beaucoup	le / la / les ... faire du / de la / de l' / des ...
J'adore	—	le / la / les ... faire du / de la / de l' / des ...

Je m'intéresse (beaucoup / énormément) à ...
Je suis (particulièrement) intéressé, -e par ...
Ce que j'aime c'est ...
Je me passionne pour ...
Cela me fait plaisir de ... (+ infinitif)
Mon / ma ... préféré, -e est ...
Mes ... préférés, -es sont ...
Je suis fasciné / e par ...
Je suis pour ...
C'est grâce à ... que j'ai décidé de ... (+ infinitif)
... me fait rêver.

Exprimer ce qu'on n'aime pas / des dégoûts

Je n'aime pas Je n'aime pas	bien beaucoup trop du tout	le / la / les ... faire du / de la / de l' / des ...
Je déteste Je déteste	— —	le / la / les ... faire du / de la / de l' / des ...

Je suis contre ...
Cela ne m'intéresse pas (du tout / beaucoup).
Ça ne m'a jamais intéressé, -e!
J'éprouve un manque d'intérêt pour ...
J'ai une sainte horreur de ...

Exprimer ce qu'on préfère

J'aime plutôt ...
Je préfère (largement) ...
Je trouve ... préférable.
Je favorise ... par rapport à ...
Je privilégie ...
Je donne la préférence à ...

DEMANDER ET DONNER DES CONSEILS

Demander des conseils

Informel	Formel
Qu'est-ce que je dois faire?	Que proposez-vous?
Tu peux me donner un conseil?	Qu'est-ce que vous me proposez dans ce cas-là?
Qu'est-ce que tu en penses?	Qu'est-ce que vous en pensez?
Tu en penses quoi?	Qu'en pensez-vous?
Je ne sais pas quoi faire.	Ne serait-il pas mieux de ... (+ infinitif)?
Ce n'est pas mieux de ... (+ infinitif)?	Que devrais-je / pourrais-je faire à votre avis?
Qu'est-ce que je devrais / pourrais faire?	Que feriez-vous à ma place?
Tu ferais quoi à ma place?	Trouvez-vous que c'est une bonne idée de ... (+ infinitif)?
Tu trouves que c'est une bonne idée de ... (+ infinitif)?	Pourriez-vous me faire une proposition?
Peux-tu m'aider à trouver une solution?	Voyez-vous une possibilité / opportunité pour résoudre mon problème?

Donner des conseils

Informel	Formel
Tu pourrais d'abord ... (+ infinitif)	Avez-vous déjà pensé à ... (+ infinitif)
En général, on pourrait ... (+ infinitif)	Moi, à votre place, je contacterais le / la / les .../ m'adresserais d'abord à ...
Pourquoi (est-ce que) tu ne / n' ... pas?	Si j'étais vous, je ... (+ conditionnel présent)
Tu dois / devrais ... (+ infinitif) à mon avis.	Vous pourriez ... (+ infinitif) avant de ... (+ infinitif)
Moi, à ta place, je ferais ...	Il vaudrait mieux ... (+ infinitif) avant qu'il ... (+ subjonctif)
Tu ferais mieux de ... (+ infinitif)	Moi, je vous suggérerais de ... (+ infinitif)
Tu peux / tu pourrais ... (+ infinitif)	N'hésitez pas à ... (+ infinitif)
Il faut (absolument) ... (+ infinitif)	N'oubliez pas de ... (+ infinitif)
Il ne faut (surtout) pas ... (+ infinitif)	Je vous recommanderais de ... (+ infinitif)
Réfléchis avant de ... (+ infinitif)	Pensez à ... (+ infinitif)
	Évitez de ... (+ infinitif)
	Souvenez-vous que ... ce serait peut-être la meilleure possibilité.
	Si j'ai un conseil à donner, je ...

DEMANDER ET FOURNIR DES RENSEIGNEMENTS

Demander des renseignements / informations (générales)

Excusez-moi, ... Pardon, ...	est-ce que vous pouvez me / nous ... pouvez-vous me / nous ... pourriez-vous me / nous ...	dire ... montrer ... indiquer ...	si ... où ... comment ... quel bus / quelle entrée ... quels établissements / quelles institutions ... pourquoi pour quelles raisons qui ce que ce qui

Je cherche ... / Je suis perdu, -e ... Pouvez-vous m'aider?
Avez-vous des informations sur ... ?
Est-ce que vous savez si ... ?
Est-il possible de ... (+ infinitif) ?
Est-ce que cela vaut la peine de ... (+ infinitif) ?
Votre hôtel / établissement offre ..., j'espère ?

Demander des renseignements / informations sur les projets / les habitudes

Informel	Formel
Qu'est-ce que tu fais ... ?	Que faites-vous ... (+ expression de temps) en général ?
Qu'est-ce que tu vas faire ... ?	Avez-vous projeté quelque chose pour ... (+ expression de temps) ?
	Que ferez-vous ... (+ expression de temps) ?
Tu as quelque chose de prévu pour ... ?	Passez-vous beaucoup de temps à ... (+ infinitif) ?
Tu vas combien de fois / souvent / régulièrement à ...	Trouvez-vous le temps pour ... (+ infinitif) ?
As-tu le temps de ... (+ infinitif) ?	Jusqu'à quelle date pensez-vous pouvoir accomplir ce projet ?
Quels sont tes projets pour ... ?	Pourriez-vous me donner des détails sur vos projets / habitudes ?
Que fais-tu habituellement le ... (+ jours de la semaine, moment de la journée) ?	Quels sont vos projets professionnels / personnels pour les mois à venir / l'année prochaine ?
Quels sont tes projets pour ... ?	Vos habitudes alimentaires, ont-elles changé au cours de votre vie ?
Quelles sont tes habitudes alimentaires / de vie ?	

Überlege, wie du die Fragen der linken Spalte formulieren musst, wenn du sie an mehrere Personen richtest.

Demander des renseignements sur la santé

Informel	Formel
Qu'est-ce qui ne va pas ? Qu'est-ce qui t'arrive ? Tu as déjà fait ou pris quelque chose ? Tu as mal où ? Tu t'es blessé, -e ? Alors, quoi de neuf? (très informel)	Vous n'allez pas bien ? Qu'est-ce qui vous arrive ? Vous avez déjà pris des médicaments ? Vous sentez des douleurs dans ... (+ partie du corps) ? Quels sont les symptômes ? Avez-vous subi des blessures graves ? Est-ce que vous vous êtes gravement blessé, -e ? Votre mal de tête a disparu ? Vous vous sentez mieux ?

Demander des renseignements / informations dans le domaine professionnel

Quel est le dernier délai pour ... ?
Quel est le meilleur prix pour ... ?
Vous pouvez me confirmer le / la / les ... / que ... ?
Nous aimerions / souhaiterions / désirerions recevoir ...
Vous est-il possible de me / m' / nous informer sur ... ?
Vous serait-il possible de me / m' / nous donner des renseignements sur ... ?
Nous vous prions de nous envoyer / adresser un / une / des ...
Nous vous demandons de (bien vouloir) effectuer / régler ...
Veuillez nous envoyer / adresser votre / vos ...
Veuillez nous informer sur ...

Donner des renseignements / informations (générales)

Volontiers, ... Avec plaisir, ...	le / la / ... les ...	se trouve ... (n') est (pas) est situé, -e se trouvent sont situés, -es (ne) sont (pas)	(tout) près loin d'ici ... à proximité de ... à ... kilomètres / minutes de ... au coin de ... au bout de ... derrière devant à quelques pas d'ici

Oui, bien sûr, vous devez juste ...
Prenez le / la / les ... et vous arriverez à ...
Vous pouvez y accéder sans problème.
C'est facile / n'est pas difficile, tournez / tapez / passez ...
Vous allez voir, le / la ... vaut une visite.

Donner des renseignements sur la santé

J'ai (terriblement) mal à la tête / à la gorge / aux dents ... / Ça me fait mal!
Je me suis blessé, -e à ...
Je me sens très mal.
Je ne me sens pas très bien.
Je dors mal.
Je tousse.
Je vomis.
J'ai de la fièvre.
J'ai attrapé un rhume / un coup de soleil / une bronchite.
Je suis tombé, -e malade il y a ... (+ durée)
Je suis très / extrêmement fatigué, -e
Je suis gravement malade.
Je ne peux pas me tenir debout.

Donner des renseignements / informations dans le domaine professionnel

Nous vous informons de ... / que ...
Nous vous faisons savoir / indiquons / précisons que ...
Nous vous faisons connaître nos nouveaux tarifs.
Nous vous rappelons que ...
Nous vous adressons / envoyons / fournissons ...
Veuillez prendre note de ...
Notre entreprise a été fondée en ... par ...
Notre société existe depuis ...
La forme juridique de notre entreprise est une société à responsabilité limitée (SARL) / une société anonyme (SA)
Nous sommes une grande entreprise / une PME (une petite ou moyenne entreprise).
Le siège social se trouve à ... (+ lieu) en / au / aux ... (+ nom de pays)
L'entreprise est dirigée par ...
Les effectifs s'élèvent à ...
Nous sommes actifs dans le secteur de ... / la branche de ...
Le chiffre d'affaires annuel s'élève à ...

DEMANDER ET INDIQUER DES INSTRUCTIONS

Demander des instructions

Pouvez-vous me dire / expliquer comment ... ?
Comme je ne m'y connais pas, je vous prie de ... (+ infinitif)
Il faut que vous m'expliquiez (d'abord) ...
Je fais comment pour ... (+ infinitif) ?
Comment est-ce que je peux ... (+ infinitif) ?
Je ne sais pas comment ... (+ infinitif).
Vous le savez ?

Donner des instructions

Nous vous demandons de ... (+ infinitif)
Merci de ... (+ infinitif)

Vous devez ... (+ infinitif), s'il vous plaît
Vous allez ... (+ infinitif).
Il faut / Il ne faut pas ... (+ infinitif).
N'oubliez pas de ... (+ infinitif).

Nous vous invitons à ... (+ infinitif) ou (+ nom) ...

SYTHÉTISER UN BREF RÉCIT, UN ARTICLE ETC. ET DONNER SON AVIS

Synthétiser et donner son avis

C'est un article qui expose le / la ...
Dans cet article il est question de ...
Le problème essentiel traité dans cet article est le / la ...
Selon l'auteur, la majorité de ... (ne) s'intéressent (pas) au / à la / à l' / aux ...
En conclusion, nous devons dire / admettre que ...
Bref, cela pose de graves problèmes.
En fin de compte, il faut dire que ...

Je pense que c'est une bonne idée de ... (+ infinitif)
Je ne pense pas que ce soit ...
Je suis tout à fait d'accord avec ...
Je ne suis pas (du tout) d'accord avec ...
Je (ne) suis (pas) du même avis / du même avis que ...
Je (ne) partage (pas) l'avis de ...

À mon avis, c'est mieux de ... (+ infinitif)
D'après moi, ce serait mieux de ... (+ infinitif)
En ce qui me concerne, je suis pour / contre ...
Quant à moi, le / la ... (n') est (pas) prioritaire.
Selon moi, on devrait ... (+ infinitif)

RACONTER DES ÉVÉNEMENTS PASSÉS ET PARLER DE CE QUI A PLU OU DÉPLU

Raconter des événements passés

Hier, je suis ... (+ participe passé)/j'ai ... (+ participe passé)
L'été/hiver/automne/le printemps dernier, nous sommes .../nous avons ...
Vers midi/17 heures, il a commencé à pleuvoir.
Quand on est sortis, le soleil brillait/la cour était vide.
J'ai participé à ... il y a ... années/mois/semaines/jours.
De ... à ... (+ durée), j'ai travaillé chez (+ nom de l'entreprise) comme ...
Je suis arrivé, -e à/en/au/aux ... (+ lieu/nom de pays), il y a ... (+ durée)
J'ai suivi des cours de ... pendant ... (+ durée)
L'année dernière, je suis parti, -e pour ... (+ lieu/nom de pays) pour ... (+ infinitif)
J'ai fait un stage de ... (+ durée) dans une petite/grande entreprise française
J'ai passé mes dernières vacances (d'hiver/d'été) à/en/au/aux ... (+ lieu/nom de pays) avec ...
J'ai fait un voyage à/en/au/aux ... (+ lieu/nom de pays) pour ... (+ infinitif)
Pendant mon séjour (linguistique) à/en/au/aux ... (+ lieu/nom de pays), j'ai fait beaucoup d'expériences.
Malheureusement, j'ai eu un accident de route le ... (+ date)
Malheureusement, j'ai vécu une mauvaise surprise quand ...
Grâce à ..., j'ai (beaucoup) profité de ...

Parler de ce qui a plu ou déplu

Ce qui a plu

J'ai adoré le/la/les ...
J'ai aimé le/la/les ... Il/elle était ... Ils/elles étaient ...
Ce/cet/cette ... m'a beaucoup plu.
C'était passionnant de ... (+ infinitif).
Les ... étaient vraiment adorables/inoubliables.
Je garde un très bon souvenir de ...
Ce qui m'a plu le plus c'était ...

Cet événement/cette rencontre a marqué ma vie.
J'ai tellement aimé cela que je m'en souviendrais pour toujours.
C'était vraiment une expérience unique.
Ce voyage m'a enthousiasmé.

Ce qui a déplu

On n'a pas eu de chance. Il (ne) faisait (pas) ...
Cela a été une horreur.

Ça ne m'a pas plu (du tout).
Je n'ai pas du tout aimé le/la/les ...
Cela ne m'a pas vraiment intéressé, -e.
J'en garde un mauvais souvenir.
Je ne voulais absolument pas faire du/de la/de l'/des ...
Là, je me suis ennuyé, -e à mourir.
Je m'en suis réjoui, mais c'était un échec total.

Son comportement/ce spectacle m'a dégoûté.
Dans ce cas-là, je n'étais pas particulièrement enthousiaste.

EXPRIMER DES SOUHAITS ET DES INTENTIONS

J'espère … (+ infinitif)
J'espère que … (+ futur simple)
Je voudrais / aimerais (+ infinitif)
J'aimerais bien que … (+ subjonctif)
Je voulais (+ infinitif) …, mais …
Je souhaite / souhaiterais … (+ infinitif)
J'ai l'intention de … (+ infinitif)
J'envisage de … (+ infinitif)
Je préférerais … (+ infinitif)
Le / la … est prévu, -e pour …
Je compte aussi … (+ infinitif)

DEMANDER ET DONNER DES PRÉCISIONS

Demander des précisions

Pourquoi est-ce que vous êtes / vous n'êtes pas (+ participe passé) … ?
Pouvez / Pourriez-vous m'expliquer le / la / les … / comment … ?
Combien de personnes ont … (+ participe passé) ?
Quelle est la quantité exacte qu'il faut pour … ?

Comment imaginez-vous faire cette présentation ?

Ce / cet / cette … est pour qui ?
À quelle date pensez-vous avoir terminé ce travail ?
Cela prendra combien de temps ?

Comment peut-on … (+ infinitif) ?
Qui sera responsable de … ?
Où et quand est-ce que ce / cet / cette … a / aura lieu ?

Donner des précisions

Je suis en retard parce que j'avais / j'ai eu …

C'est / ce n'est pas … (+ adjectif), il faut seulement … (+ infinitif)
Le nombre exact était de …
Il en faut une cuillère / … grammes / un kilo … pour …
Au fait, j'ai préparé un Powerpoint et un petit dépliant pour que tout le monde puisse suivre.
Nous avons préparé ce / cet / cette / ces … pour …
Tout sera prêt le … (+ date) au plus tard.
Vous mettrez une heure / un jour / une demi-journée pour faire cela.
On peut … (+ infinitif) en allant* sur Internet …
C'est … qui s'en occupera.
Ce / cet / cette … a / aura lieu le … (+ date) à … (+ heure) à / au / à l' / à la / aux … (+ lieu)

* Um zu sagen, wie etwas gemacht wird, verwendest du das *gérondif*. Vergleiche dazu im Kapitel *Révision de grammaire en contexte* Seite 149.

PARLER DES ÉVÉNEMENTS FUTURS ET DE SES PROJETS

La semaine / année prochaine, je ferai ...
Pour les prochaines vacances, j'envisage de ... (+ infinitif)
Je passerai mes vacances à / en / au / aux ... (+ lieu / nom de pays)
À partir de ..., je travaillerai ...
Je vous informerai dès que j'aurai (+ participe passé) ...
Après le bac, je partirai à / en / au / aux ... (+ lieu / nom de pays) pour y ... (+ infinitif)
Je ferai des études à partir de ... (+ expression de temps)
Je compte faire des études après mon service militaire.
Je commencerai à travailler tout de suite après le / la ...
Plus tard, j'aimerais avoir une famille.
Dans dix ans, j'aurai une famille.
Ce qui est important pour moi, ce sera ...
Un jour, j'aurai ...
Mon projet pour l'avenir est de ... (+ infinitif)
J'espère pouvoir réaliser mes projets.

FAIRE UNE PRÉSENTATION D'UN THÈME, D'UN PROJET

Aujourd'hui j'aimerais vous parler de ...
Bienvenue à ma présentation sur ...
C'est avec plaisir que je vous présenterai ...
Premièrement, je vais vous présenter ...
Permettez-moi de vous ... (+ infinitif)
(Tout) d'abord, je vais vous expliquer de quoi nous allons parler.
Deuxièmement, nous allons continuer avec ...
Nous passons maintenant à ... / Passons maintenant à ...
Après avoir parlé de ..., j'aimerais vous ... (+ infinitif)
Après avoir expliqué le / la / les ..., je continuerai avec (+ nom)
Avant d'exposer le / la / les ..., je voudrais vous ... (+ infinitif)
Pour finir, je vous montrerai ...
En conclusion, je vous assure que ...
Pour terminer, je vous remercie de ...
Arrivé, -e à la fin de ma présentation, je me permets de ... (+ infinitif)

PRÉSENTER UN PAYS, UNE VILLE, UNE RÉGION

Pays

Le pays fait partie de ...

Le pays se trouve près de la frontière ... (+ adjectif)
Le pays compte ... habitants et s'étend sur une superficie de ... kilomètres carrés.
Dans la capitale vivent ...

La langue officielle est le ... mais on parle aussi ...
Le climat est méditerranéen / continental. En hiver, il fait donc ... et en été, il fait souvent ...
Le pays a peu de ressources.

Le pays dispose de nombreuses ressources dans le domaine de ...
Les gens vivent surtout du / de la / de l' / des ...
Le pays est un pays producteur de ...
Il exporte beaucoup de produits ... (+ adjectif)
C'est donc un pays exportateur important en Europe / dans le monde.
Il importe moins qu'il n'exporte.
Le taux de chômage est élevé / bas.

Ville / village

C'est une ville / un village de ... habitants

La ville compte ... arrondissements et ... habitants.
C'est une belle ville qui attire de nombreux touristes / nombreuses personnes
Il s'agit d'un village calme mais très sympathique.

C'est une ville très animée.
Il / elle est situé, -e en / au ... (+ nom de la région)

Il / elle se trouve / se situe à ... *)

On peut y visiter de nombreux monuments.
On peut y découvrir pas mal de choses.
L'offre culturelle de cette ville est exceptionnelle.
Profitez de son / sa / ses ...

L'ambiance est agréable et les habitants sont très gentils.

C'est la capitale (régionale) de ...
C'est une ville touristique / industrielle / historique importante.
Il / elle est entouré, -e de / encadré, -e de ...
Il / elle est bien / mal desservi, -e par ...

Région

C'est une belle région dans le nord / est / ouest / sud de la / de l' / du ... (+ nom de pays).
Cette région est (très / peu) peuplée.
C'est une région rurale / industrielle située à proximité de ... (+ nom de pays)
C'est une région / ville industrielle / agricole où on trouve beaucoup de ...
C'est une région / ville où il fait bon vivre.
Il ne faut surtout manquer le / la / les ...

La région est facilement accessible par tous les moyens de transport.
Sa situation géographique est privilégiée.
Les plats traditionnels sont ...

Le / la ... fait partie des spécialités de cette région.
Les traditions de cette région sont surprenantes pour des étrangers.
On y combine tradition et innovation.

*) Hier kannst du alle Ortsergänzungen einsetzen, die du schon gelernt hast, z.B. *à proximité de, loin de, à quelques kilomètres de* usw.

PARLER DE SON EXPÉRIENCE PROFESSIONNELLE, SON ENVIRONNEMENT PROFESSIONNEL

Parler de son expérience professionnelle

Mon premier emploi c'était dans ... à (+ lieu)
Au début / le premier mois, j'ai aidé le responsable de service / j'ai écrit des lettres / courriels à ... / j'ai répondu au téléphone ...
Une de mes tâches était de (+ infinitif).
J'ai / avais souvent des réunions avec ...
Je contacte régulièrement les clients / partenaires pour ... (+ infinitif)
J'étudie les dossiers. Je prépare un dossier.
Je vérifie l'emploi du temps de mon supérieur et je fais le planning.
Je dois appeler / téléphoner à ...
Ma mission est de fixer / reporter / d'annuler des rendez-vous avec ...
Ma mission / mon travail consiste à ... (+ infinitif).
J'organise souvent / quelquefois des voyages d'affaires.
J'accueille des visiteurs.

Parler de ses qualités professionnelles

Je suis autonome / bilingue / ponctuel, -le / disponible / relationnel, -le ...
J'ai un goût prononcé pour ...
J'ai un excellent contact avec les clients / mes collègues.
Je maîtrise (bien) le / la / les ...
Mes connaissances en ... sont excellentes
Ma capacité à ... (+ infinitif), est grande.
J'essaie (toujours) de travailler en étroite collaboration avec ...
Je possède des connaissances approfondie en ...
Mon esprit d'équipe a marqué ma carrière.

Parler de son environnement professionnel

J'ai une très bonne équipe de collègues. Nous travaillons bien ensemble.
J'ai fait une présentation sur ... à ... Ils ont bien aimé ma présentation.
Je m'entends très bien avec mes collègues / mon / ma responsable de service / mon supérieur / ma supérieure.
Mes collègues sont tous sympathiques / serviables / compétents.
L'ambiance de travail est (très) bonne.
Mon bureau est agréable / clair / calme.
Les outils de travail sont modernes / répondent à toutes nos / mes exigences.

Wenn du beschreibst, was du gerade machst, dann verwendest du die Gegenwart, das *présent*, wenn du beschreibst, was du früher regelmäßig gemacht hast, dann verwendest du die Mitvergangenheit, das *imparfait*, und wenn du erzählst, was du zu einem bestimmten Zeitpunkt gemacht hast, dann verwendest du die Vergangenheit, das *passé composé*.

Vergleiche dazu im Kapitel *Révision de grammaire en contexte* die Seite 126–127.

DÉCRIRE / COMMENTER DES DONNÉES CHIFFRÉES

Décrire des données chiffrées

La moitié de … / plus de la moitié de … / presque la moitié de …
Environ le tiers / le quart …
Plus / moins d'un quart des …
Il y a un grand nombre de …
Une grande majorité de …
La majorité de … / la plupart des … (+ verbe au pluriel)
Une moyenne de …
Une minorité de … / (très) peu de …
Deux visiteurs sur trois * …
(Peu) / Nombreux sont les touristes qui … / ceux qui …
Ces personnes (ne) sont (pas) très nombreuses.
Nous avons eu une moyenne de … par jour.
… pour cents sont … alors que … pour cents sont …
Le / la … est de plus en plus apprécié par … / de moins en moins apprécié par …
Nettement moins de … (+ nom) … (+ verbe)
Sensiblement plus de … (+ nom) … (+ verbe)
Deux / trois … fois plus / moins de … (+ nom) … (+ verbe)

Chiffres en hausse

Ces chiffres sont en (légère) hausse
Ce qui représente une progression de …
Ces chiffres représentent une progression de … % par rapport à …
Cela correspond à une augmentation de …
Ces résultats sont supérieurs aux résultats de …
Nous avons / comptons de plus en plus de …
Nous constatons une forte progression. / (de …)
Le chiffre augmente considérablement / peu depuis …

Le pourcentage de … a augmenté / progressé.

Chiffres en baisse

Les chiffres actuels sont en baisse.
Ce qui représente une diminution de …
Ces chiffres représentent une diminution de … % par rapport à …
Cela correspond à une baisse de …
Ces résultats sont inférieurs aux résultats de …
Nous avons / comptons de moins en moins de …
On observe une forte / légère diminution.
Les chiffres baissent sensiblement / légèrement pendant … (+ durée)
Le pourcentage de … a diminué / baissé.

Chiffres en stagnation

Ces chiffres restent stables.

Les chiffres stagnent.

Les chiffres restent au même niveau depuis …

Il n'y a pas de grandes variations.

Depuis … on ne constate pas / plus de fluctuations.
Depuis …, on observe une stagnation.
Les chiffres ne varient pas beaucoup.

* Du kannst jede Bruchzahl im Französischen wiedergeben, indem du die Formulierung … *sur* … verwendest, z. B. *trois personnes interrogées sur quatre* für 3/4 der Befragten.

Les résultats de l'année … sont excellents / encourageants / bons suite à …
Ils sont moins bons, à cause de / en raison de …
Cela s'explique par … / par le fait que …
Cette hausse / cette baisse / cette stagnation s'explique par …
Le chiffre d'affaires a (considérablement) baissé / augmenté / stagné suite à …
Le chiffre ne cesse de … (+ infinitif) puisque …
L'année / cette période a donc été marquée par …
C'est le grand engagement de … qui a permis de … (+ infinitif)
Cette situation a été entraînée par …
Le / la … est en hausse grâce à …

FAIRE DES SUGGESTIONS / PROPOSITIONS ET RÉAGIR À DES PROPOSITIONS

Faire des suggestions / propositions

Informel	Formel
Tu as envie de … (+ infinitif)? Et si on faisait* …? Ce serait … Cela te plairait de … (+ infinitif)? Ça te dirait de … (+ infinitif)? Cela te tente de … (+ infinitif)? On pourrait … (+ infinitif)?	Je vous propose de … (+ infinitif) Je vous recommande de … (+ infinitif) Je vous conseille de … (+ infinitif) Je vous suggère un / une / des … Vous permettez que je vous fasse une suggestion? Voilà ce que je vous propose: … Mes propositions sont les suivantes: … Je me permets de vous faire cette proposition: …

* Du kannst das Verb in der Struktur *Et si on faisait …?* durch jedes beliebige, passende ersetzen, z. B. *Et si on allait / sortait / regardait / visitait …*

In all diesen Strukturen verwendest du *te*, wenn du dich an eine Person wendest, mit der du per „du" bist, und *vous*, wenn es sich um mehrere Personen handelt oder um eine Person, mit der du per „Sie" bist.

Réagir à des suggestions / propositions

Réactions positives	Réactions négatives	Réactions hésitantes
Oui, d'accord. C'est une excellente idée!	Bof, cela ne me dit pas grand-chose.	Peut-être, mais je dois d'abord … (+ infinitif)
Pourquoi pas!	Non, je n'aime pas (du tout) ça.	Oui, mais je n'ai jamais fait cela.
Volontiers. Allons-y.	Désolé, -e, mais je ne peux pas.	Je ne suis pas sûr / sure si …
Oui, j'en rêve depuis longtemps.	Je regrette, mais j'ai un rendez-vous avec … / à …	Je ne suis pas sûr / sure, je vais y réfléchir.
C'est parfait!	C'est dommage, mais je dois … (+ infinitif)	Je ne peux pas y / te / vous répondre tout de suite.
Super, je voulais toujours le faire.	Bien que ce soit très attrayant, je ne peux pas accepter votre proposition.	Il faut que je parle à mon / ma / mes … avant.

RÉVISION DE GRAMMAIRE EN CONTEXTE

Die folgende *révision de grammaire en contexte*/Wiederholung der Grammatik im Kontext ist keine Gesamtübersicht über alle Grammatikkapitel und dient daher nicht dazu, Formenbildung zu üben. Dazu musst du dein Lehrbuch oder ein Grammatikbuch verwenden.
Ziel dieses Kapitels ist es, dir wichtige grammatikalische Strukturen wieder ins Gedächtnis zu rufen und dir Anleitungen zu geben, in welchem Zusammenhang du diese Strukturen beim Schreiben anwenden kannst.

Das erste Kapitel bildet eine Ausnahme. Es gibt dafür keine Übungen im Kontext. Aber *le participe passé et son accord*/die Übereinstimmung des Mittelwortes der Vergangenheit ist nicht immer einfach, und wir fassen daher die wichtigsten Regeln zusammen, damit du bei Bedarf hier nachschlagen kannst.

LE PARTICIPE PASSÉ ET SON ACCORD (A2 – B2)

Bei Verben, die mit être/sein abgewandelt werden.
Das *participe passé*/Mittelwort der Vergangenheit muss mit dem Subjekt in Geschlecht und Zahl übereingestimmt werden.

	männlich	**weiblich**	**Beispiel männlich**	**Beispiel weiblich**
Einzahl	Grundform	Grundform + **e**	Pierre est parti	Sophie est parti**e**
Mehrzahl	Grundform + **s**	Grundform + **es**	Ils sont parti**s**	Elles sont parti**es**

Beachte, dass *vous* sowohl als höfliche Anrede per Sie als auch für mehrere Personen, mit denen du per du bist, verwendet werden kann.
Somit sind alle vier Arten der Übereinstimmung möglich:
*Vous êtes allé au concert, **monsieur**? Vous êtes allé**e** au concert, **madame**?*
*Vous êtes allé**s** au ciné, mes **amis**? Vous êtes allé**es** au ciné, mes **amies**?*

Auch alle *verbes pronominaux*/rückbezüglichen Verben werden mit *être*/sein abgewandelt.
Hier wird das *participe passé*/Mittelwort der Vergangenheit aber nur dann mit dem Subjekt übereingestimmt, wenn kein *objet direct*/direktes Objekt danach folgt.
*Sophie s'est couché**e** tôt.*
*Sophie **s'**est **lavé les mains**.*

Bei Verben, die mit *avoir*/haben abgewandelt werden.
Das *participe passé*/Mittelwort der Vergangenheit muss in der Regel nicht übereingestimmt werden, außer mit einem *objet direct*/direktem Objekt, das dem *avoir*/haben vorangestellt ist.

Dies ist auf drei Arten möglich, nämlich als
- *pronom objet direct*/Objektvertreter (Personalpronomen):
  - Sophie dit: « Pierre **m**'a invité**e**. »
- *pronom relatif*/Relativpronomen:
  - Je te montre **la robe que** j'ai acheté**e** hier.
- *noms + quel/quelle/quels/quelles* oder *combien de*/Hauptwörter mit welche/r oder wie viele:
  - **Quelle robe** as-tu achetée? **Combien de livres** avez-vous lus?

L'ALTERNANCE ENTRE LE PASSÉ COMPOSÉ ET L'IMPARFAIT (A2 / B1)

Im Französischen werden im Unterschied zum Deutschen das *passé composé*/die Vergangenheit und das *imparfait*/die Mitvergangenheit parallel verwendet, wenn du von Vergangenem berichtest. Mit dem *passé composé* erzählst du, was geschehen ist (einmalige, abgeschlossene Handlungen), während du mit dem *imparfait* Gewohnheiten beschreibst oder wie etwas war (wiederkehrende Handlungen, Zustände).

In einer Geschichte verwendest du das *passé composé* daher, um die Handlungen, das Geschehene, wiederzugeben, während du das *imparfait* verwendest, wenn du die äußeren Umstände, persönliche Gefühle, subjektive Eindrücke beschreiben oder auch Begründungen geben willst.

Wird eine laufende, nicht abgeschlossene Handlung durch eine plötzlich eintretende Handlung unterbrochen, so steht die nicht abgeschlossene Handlung im *imparfait*, die plötzlich eintretende Handlung im *passé composé:*
Je lisais tranquillement dans mon lit quand mon smartphone a sonné.

Exercice 1 : Décrire des habitudes au passé

Décrivez à quelqu'un ce que vous faisiez quand vous étiez enfant – conjuguez les verbes à **l'imparfait**:

Quand je __________________ **(être)** petit, je __________________ **(jouer)** souvent avec mon ami Pierre. Tous les jours, nous __________________ **(faire)** du football. Le matin, nous __________________ **(aller)** au jardin d'enfant, mais l'après-midi, nous __________________ **(se retrouver)** souvent chez moi. Quand nous __________________ **(ne pas jouer)** au foot, nous __________________ **(regarder)** la télé et nous __________________ **(manger)** des chips. Moi, je __________________ **(boire)** toujours du coca avec, mais Pierre __________________ **(préférer)** la limonade. Vers dix-sept heures, Pierre __________________ **(rentrer)** et moi, je __________________ **(rester)** dans ma chambre.

Exercice 2 : Raconter une histoire au passé

Silvie raconte – conjuguez les verbes au **passé composé** ou à **l'imparfait**:

La semaine dernière, je __________________ **(partir)** en mission à Paris. Je __________________ **(prendre)** l'avion de Toulouse avec mon collègue Hugues. Quand nous __________________ **(arriver)** à Paris, il __________________ **(faire)** un vent fou et il __________________ **(pleuvoir)** à torrents. Mon collègue et moi, nous __________________ **(se dépêcher)** vers la station de métro. Le métro __________________ **(être)** bondé et je __________________ **(se sentir)** mal à l'aise. Quand nous __________________ **(descendre)** à la station Nation, nous __________________ **(être)** heureux de pouvoir quitter le métro tellement c'__________________ **(être)** désagréable. Comme le lieu de notre rencontre __________________ **(être)** tout près, nous __________________ **(aller)** à pied quand même.

Exercice 3 : Raconter une histoire au passé

Marie et Philippe racontent – Conjuguez les verbes au **passé composé** ou à **l'imparfait** :

Hier, nous ____________________ **(vouloir)** faire les courses pour la fête de samedi soir. Alors, nous ____________________ **(aller)** au supermarché en voiture. Nous ____________________ **(être)** de bonne humeur et nous ____________________ **(se réjouir)** déjà de la fête. Nous ____________________ **(entrer)** dans le supermarché avec un grand caddie pour nos achats. Heureusement, il y ____________________ **(avoir)** peu de monde. Nous ____________________ **(acheter)** de la viande pour le barbecue et ____________________ **(prendre)** différentes sauces parce qu'elles ____________________ **(être)** en promotion. Au rayon des boissons, nous ____________________ **(hésiter)** parce qu'il ____________________ **(ne pas y avoir)** le vin recherché. Nous ____________________ **(s'adresser)** à un employé, mais le stock ____________________ **(être)** épuisé. Nous ____________________ **(continuer)** nos achats sans autre mauvaise surprise. Notre caddie ____________________ **(être)** plein, et à la caisse, nous ____________________ **(mettre)** tous nos achats sur la bande transporteuse. Mais quand nous ____________________ **(insérer)** notre carte bleue dans le terminal de paiement aux cartes, celui-ci ____________________ **(ne pas fonctionner)**. Imaginez ça !

LES TEMPS DANS LE RÉCIT (PRÉSENT, PASSÉ COMPOSÉ, IMPARFAIT, PLUS-QUE-PARFAIT) (B1 / B2)

Wenn du eine Geschichte erzählst, kann es aber auch vorkommen, dass du Dinge erwähnen willst, die schon vor einer Handlung in der Vergangenheit passiert (und abgeschlossen) sind oder die sich auf die Gegenwart beziehen.
Für Letzteres nimmst du das *présent*/die Gegenwart. Für eine abgeschlossene Handlung, die vor einer anderen Handlung in der Vergangenheit liegt, benötigst du das *plus-que parfait*/die Vorvergangenheit.

Bildung	Formen	Beispiel
être oder ***avoir*** im *imparfait* + **Mittelwort der Vergangenheit**	elle **était** déjà **partie**	Quand je suis arrivé à la gare, elle **était** déjà **partie**.
	nous **avions** déjà **fini** le travail	Nous **avions** déjà **fini** le travail quand papa a voulu nous aider.

Für die Auswahl des Hilfszeitwortes und die Übereinstimmung des Mittelwortes der Vergangenheit gelten dieselben Regeln wie beim *passé composé*. Vergleiche *Le participe passé et son accord* auf Seite 124.

Exercice 4 : Dire ce qui s'était passé avant

Complétez par le **plus-que parfait** :

Hier j'ai retrouvé ma montre que j'____________________ **(perdre)** il y a un mois.

Papa a réparé la lampe qu'il ____________________ **(casser)** lui-même.

Les élèves devaient refaire le devoir parce qu'ils le/l' ____________________ **(mal faire)**.

Pierre s'est trompé de rue parce qu'il ____________________ **(ne pas regarder)** le plan.

Monsieur Durand a perdu son poste. Il ____________________ **(ne pas travailler)** assez soigneusement.

Je me suis présenté une deuxième fois à cet examen puisque j'____________________ **(rater)** le premier examen.

Nous avons repris l'autoroute. Nous la/l'____________________ **(quitter)** trop tôt.

Elle n'est pas venue. Elle ____________________ **(oublier)** notre rendez-vous.

Exercice 5 : Raconter au passé

Nathalie raconte – complétez par le **passé composé** ou le **plus-que-parfait** :

L'autre jour, je ____________________ **(ne pas pouvoir)** rentrer chez moi parce que j' ____________________ **(oublier)** mes clés dans le bureau. Alors, je ____________________ **(retourner)** au bureau pour aller les chercher. Mais ma collègue ____________________ **(emporter)** mes clés dans son sac.

Je ____________________ **(se mettre)** en route vers l'appartement de ma collègue.

Quand j'____________________ **(sonner)** à sa porte, son mari la/l'____________________ **(ouvrir)**.

Mais ma collègue ____________________ **(ne pas encore rentrer)**. Elle voulait d'abord m'apporter les clés. ☺

Exercice 6 : Raconter au passé et au présent

Paul raconte – complétez par le **présent**, le **passé composé**, l'**imparfait** ou le **plus-que-parfait** :

Hier, j'____________________ **(voir)** Pierre. Je ____________________ **(ne pas le voir)** depuis longtemps. Nous ____________________ **(être)** tous les deux ravis de nous revoir. Alors, nous ____________________ **(aller)** dans un café pour bavarder un peu. Heureusement, nous ____________________ **(avoir)** le temps tous les deux. Pierre ____________________ **(travailler)** maintenant chez AQUATEC parce que le travail chez NOQUITEC ____________________ **(ne plus lui plaire)**. Il ____________________ **(déménager aussi)** dans un appartement plus grand avant de changer de poste. Il ____________________ **(se marier)** en été et sa femme et lui, ils ____________________ **(attendre)** leur premier bébé dans deux mois. J' ____________________ **(être)** surpris d'apprendre cela parce que Pierre ____________________ **(ne jamais vouloir)** se marier. Mais il ____________________ **(changer)** complètement. Maintenant il ____________________ **(être)** beaucoup plus sérieux qu'autrefois.

STRUCTURES AVEC L'INFINITIF ET VERBES PRÉPOSITIONNELS (A2 – B2)

Infinitivkonstruktionen werden nach verschiedenen Verben, Ausdrücken oder Präpositionen verwendet.
Hier findest du einen Überblick:

Ein Infinitiv wird verwendet nach:	Beispiel:
modalen Hilfszeitwörtern wie *devoir, pouvoir, vouloir, savoir*	Je dois encore faire mes devoirs, c'est pourquoi je ne peux pas venir.
Verben, die Vorlieben oder Abneigungen ausdrücken wie *aimer, aimer beaucoup, adorer, ne pas aimer détester, préférer*	J'adore regarder la télévision le soir, mais je n'aime pas beaucoup regarder les émissions de sport dans la matinée.
laisser (zulassen) und *faire* (veranlassen)	Notre professeur nous laisse écouter de la musique mais quand même il nous fait travailler sérieusement.
unpersönlichen Ausdrücken wie z. B. *il faut, il est important de, c'est facile à ...*	Il faut d'abord finir le travail. Ce travail n'est pas facile à faire.
nach Vorwörtern wie z. B. *pour* (um zu), *sans* (ohne zu), *avant de* (bevor)	Je travaille beaucoup à l'école pour obtenir de bonnes notes, mais sans oublier de vivre. Avant de sortir je me maquille habituellement.

Konjugiertes Verb und Infinitiv haben dasselbe Subjekt. ***Je*** *dois* ***le*** *faire* ***moi-même***.
Nur bei *laisser* (zulassen) und *faire* (veranlassen) ist das Subjekt des Infinitivs das *complément d'objet direct (COD). Le professeur* ***nous*** *fait travailler.* ← Beachte auch die unterschiedliche Stellung der Fürwörter im Satz.

Es gibt natürlich auch einen *infinitif passé*/Infinitiv der Vergangenheit, mit dem ich ausdrücken kann, dass etwas schon vorher passiert ist.
Bildung: *avoir ou être + participe passé* → *Après avoir fait mes devoirs, je suis sortie au cinéma.*

Denke beim Schreiben von Texten daran, dass du mit diesen Konstruktionen Vieles ausdrücken kannst: Du kannst etwas präzisieren, du kannst etwas erzählen, du kannst Vorlieben und Abneigungen sowie Gefühle und persönliche Urteile ausdrücken.

Exercice 7 : Exprimer un jugement

Voilà une liste des choses (très) importantes/pas (peu) importantes dans la vie.

se faire des amis	trouver un travail intéressant	voyager	avoir des enfants
devenir riche	avoir une maison	gagner bien sa vie	prendre des responsabilités
se marier	être content, -e	être indépendant, -e	aider les autres

Faites maintenant des phrases avec
«Pour moi, il est important de ..., mais ... n'est pas important pour moi.»
«Pour moi, il est très important de ..., mais ... est peu important pour moi.»

Beachte, dass diese Konstruktion nur bei Subjektgleichheit möglich ist. Bei unterschiedlichen Subjekten musst du einen Nebensatz mit *que + subjonctif* bilden.

Exercice 8 : Donner une précision

Complétez les phrases par :

aimerais	ne veux pas	devons	ne pouvions pas	n'aime pas
ne sait pas	ne savais pas	ne peux pas	veux	dois

Pourquoi est-ce que tu ne viendras pas ? J ________________ bien venir, mais je ________________ manquer à l'école.

Pourquoi est-ce que vous n'avez pas fait le devoir ? Nous étions malades, c'est pourquoi nous ________________ le faire.

Je n'ai pas compris les instructions, alors je ________________ finir le travail. Mais je ________________ bien le faire.

Pourquoi est-ce que tu ne viens pas avec nous ? Je ________________ ce film et en plus, je ________________ toujours faire la même chose.

Nous rénovons notre maison. C'est dur. Mais nous ________________ le faire.

J'ai accepté ce poste. Je ________________ gagner de l'argent pour payer le loyer.

Elle n'est pas partie en France puisqu'elle ________________ parler français.

Exercice 9 : Préciser le moment où s'est passé quelque chose

Transformez les phrases avec **avant de + infinitif** ou **après avoir + infinitif passé** :

Exemples :
Je sors normalement à sept heures de la maison. Je prends le petit déjeuner avant.
Avant de sortir, je prends normalement le petit déjeuner.
Elle achète d'abord son billet au distributeur (de billet), puis elle monte dans le train.
Après avoir acheté son billet au distributeur (de billet), elle monte dans le train.

J'arrive dans la classe vers sept heures et demie. Avant, je bavarde avec mes copines dans la cour.

____

Nous prenons d'abord le déjeuner. Puis, nous buvons un café bien corsé.

____

L'employé écrit une lettre à un client. Mais avant, il fixe le rendez-vous avec son chef.

____

Nous discutons d'abord les détails et puis nous nous mettons au travail.

____

Ils sortiront au cinéma, mais avant ils doivent finir leur travail.

____

Vous rangez d'abord vos chambres, après, vous pouvez sortir avec vos amis.

____

Je vais préparer le dîner ce soir, mais avant, je dois encore faire les courses.

____

Faites d'abord vos devoirs, puis vous pouvez jouer à l'ordinateur.

____

Bei allen bisherigen Infinitivkonstruktionen wurde der Infinitiv ohne Präposition an das Verb angehängt.
Il faut faire attention. Je préfère lire des journaux numériques.
Es gibt aber auch Verben, die die Präposition *à* oder *de* vor einem Infinitiv verlangen.
Du findest daher gleich hier eine Liste häufig verwendeter Verben.

LISTE DES VERBES PRÉPOSITIONNELS

Verbes + à + Infinitif	**Verbes + de + Infinitif**
aider à	cesser de
apprendre à	continuer de
arriver à	convenir de
autoriser à	craindre de
chercher à	décider de
commencer à	empêcher de
contribuer à	essayer de
encourager à	éviter de
enseigner à	faire exprès de
faire attention à	faire semblant de
forcer à	finir de
hésiter à	interdire de
inciter à	menacer de
inviter à	mériter de
parvenir à	ordonner de
penser à	oublier de
pousser à	permettre de
renoncer à	persuader de
réussir à	prier de
servir à	promettre de
songer à	proposer de
tarder à	refuser de
tenir à	regretter de
viser à	rêver de
	risquer de
Verbes + de + Infinitif	suggérer de
accepter de	souffrir de
attendre de	supplier de
arrêter de	tenter de

LE CONDITIONNEL (PRÉSENT ET PASSÉ) (B1 / B2)

Der *conditionnel présent* wird verwendet, um einen Vorschlag zu machen, eine höfliche Bitte oder einen persönlichen Wunsch auszudrücken oder um jemandem einen Ratschlag zu geben.

Mit dem *conditionnel passé* drückt man das Bedauern oder einen Vorwurf aus.

Mit beiden Zeitwortformen kann man aber auch etwas ausdrücken, das nicht ganz sicher ist.

Diese beiden Zeitwortformen brauchst du daher auch für Bedingungssätze/*hypothèses*.

Conditionnel présent

Bildung	Formen	Beispiel
Regelmäßige Verben auf *-er*, *-ir*, und *-re:* Stamm der Nennform bis zum r + Endungen des *imparfait* = *-ais*, *-ais*, *-ait*, *-ions*, *-iez*, *-aient*	je prendrais	Je prendrais le train à sept heures.
	tu logerais	Tu logerais dans un hôtel 3 étoiles.
	il / elle / on partirait	Il partirait avant ses parents.
	nous mettrions	Nous mettrions 5 heures pour y arriver.
	vous travailleriez	Vous travailleriez dans le secrétariat.
	ils / elles finiraient	Ainsi, elles finiraient leurs études cet été.

Der *conditionnel présent* hat also den gleichen Stamm wie das *futur simple*. Daher haben auch alle unregelmäßigen Verben im *conditionnel présent* denselben Stamm wie im *futur simple*.
Hier die wichtigsten Formen:
*aller – **ir**ais; avoir – j'**aur**ais; être – je **ser**ais; faire – je **fer**ais; venir – je **viendr**ais; savoir – je **saur**ais; pouvoir – je **pourr**ais; devoir – **devr**ais; tenir – je **tiendr**ais; envoyer – j'**enverr**ais; mourir – je **mourr**ais; voir – je **verr**ais.*

Rappel/Erinnerung: Das *futur simple* hat also den gleichen Stamm wie der *conditionnel présent*, aber die Endungen ***-ai*, *-as*, *-a*, *-ons*, *-ez*, *-ont***.

Conditionnel passé

Bildung	Formen	Beispiel
avoir oder *être* im *conditionnel présent* + *participe passé*	j'aurais réussi	Dans ce cas-là, j'aurais réussi cet examen.
	tu serais arrivé, -e	Ainsi, tu serais arrivé, -e à l'heure.
	il / elle / on aurait pu	Elle aurait pu nous prévenir.
	nous aurions su	Nous aurions su cette nouvelle plus tôt.
	vous auriez pris	Dans ce cas-là, vous auriez pris le train.
	ils / elles seraient venus / venues	Je suis sûr qu'ils seraient venus.

Alle Formen eines *conditionnel* (*présent* und *passé*) haben ein **r** vor der Endung.
Damit kannst du sie von den Formen des *imparfait* und des *plus-que-parfait* unterscheiden.

Exercice 10 : Proposer quelque chose / Faire une proposition

Mettez les mots dans l'ordre :

d'aller | ça | te | nous | cinéma | dirait | au | avec | ?
week-end | faire | vous | passer | du | le | à | sport | aimeriez | ?
jouer | vous | notre | dans | cela | tennis | de | au | plairait | club | ?
voudrais | tu | petite | moi | ne | cette | pas | excursion | avec | faire | ?
boissons | vous | acheter | et | les | nous | pourriez | nous | du | occuperions | reste | .
ce | on | Marie | sortir | soir avec | pourrait | Paul | et | ?
cette | n'aimeriez | à | pas | compétition | participer | vous | ?
prendre | voiture | tu | ma | pourrais | je | besoin | ai | pas | n'en | .

Weitere Strukturen findest du im Kapitel *Fonctions* unter *Faire des suggestions/propositions* auf Seite 123.

Exercice 11 : Donner un conseil

Donnez un conseil à l'aide des éléments donnés – employez le ***conditionnel présent***:

Exemple: J'ai mal à la tête. (***à ta place/prendre de l'aspirine***) – À ta place, je prendrais de l'aspirine.

J'ai souvent des migraines. (***à votre place/arrêter de fumer***).

Je me sens souvent mal à l'aise. (***à votre place/se promener plus souvent en plein air***)

Mon dos me fait presque toujours mal. (***à ta place/faire des exercices de gymnastique***)

Mes yeux me font mal tous les soirs, (***à ta place/passer moins de temps devant ton ordinateur***)

Nous dormons mal. (***à votre place/boire moins de coca***)

Je suis déprimé. (***à ta place/sortir avec des amis***)

J'ai pris cinq kilos. (***à ta place/manger moins***)

Exercice 12 : Exprimer un reproche, un regret

Complétez par le ***conditionnel passé***:

Je t'attends ici depuis plus d'une demi-heure ! Tu ________________________ **(pouvoir)** au moins m'appeler sur mon smartphone.

Excuse-moi, tu as raison, j' ________________________ **(devoir)** le faire.

Vous êtes vraiment négligeable. Moi, j' ________________________ **(faire)** ce travail depuis longtemps.

C'est dommage. Vous ________________________ **(rencontrer)** des gens intéressants.

Tu es trop sévère. Je ________________________ **(ne pas les gronder)** pour un rien.

Les tickets sont vraiment chers. Maman ________________________ **(ne pas acheter)** les tickets à ce prix.

Elle ne le savait pas. Autrement, elle ________________________ **(venir)** certainement.

Le train était en retard. Sinon, nous ________________________ **(arriver)** à l'heure.

Die Regeln für die Übereinstimmung des *participe passé* findest du unter *le participe passé et son accord* auf Seite 124.

LES HYPOTHÈSES :
CERTAINES (A2 / B1)
INCERTAINES (B1 / B2)
NON-RÉALISÉES – LE REGRET (B2)

Mit den Bedingungssätzen mit *si* kannst du ausdrücken, unter welcher Bedingung etwas geschehen wird (*hypothèse certaine*), etwas geschehen würde (*hypothèse incertaine*) oder geschehen wäre (*hypothèse non-réalisée*).

Beachte die Zeitenfolge im Französischen, die du aus dem Englischen schon kennen wirst:

Si-Satz	**Hauptsatz**	**Beispiel**
Si + *présent* (Bedingung erfüllbar)	futur impératif présent	S'il fait beau demain, j'irai à la plage.
Si + *imparfait* (Bedingung möglicherweise erfüllbar)	conditionnel présent	Si je gagnais au loto, je partirais aux Caraïbes.
Si + *plus-que-parfait* (Bedingung nicht erfüllbar)	conditionnel passé	Si nous avions su cela, nous ne serions pas venus.

Du kannst mit den ersten beiden Arten (Bedingung erfüllbar und möglicherweise erfüllbar) ein Vorhaben formulieren oder auch ein Versprechen, mit der dritten Art (Bedingung nicht realisierbar) einen Vorwurf oder dein Bedauern.

Wenn dies sinngemäß notwendig ist, kann die Zeitenfolge im möglicherweise erfüllbaren und im nicht erfüllbaren Bedingungssatz auch umgekehrt sein:
Si elle n'avait pas raté son bac, elle pourrait faire des études maintenant.
S'il parlait bien anglais, il aurait posé sa candidature.

Exercice 13 : Parler d'un projet

Mes prochaines vacances de neige – conjuguez les verbes au **présent** ou au **futur simple**:

S'il ______________________ **(neiger)** assez, je ______________________ **(partir)** déjà au mois de décembre. Mon ami Pierre ______________________ **(venir)** avec moi, si ses parents le lui ______________________ **(permettre)**. Si nous ______________________ **(partir)** ensemble, nous ______________________ **(prendre)** la voiture de mon père. Si Pierre ______________________ **(ne pas pouvoir)** venir avec moi, je ______________________ **(prendre)** le train. Si je ______________________ **(devoir)** partir seul, je ______________________ **(s'ennuyer)** le soir, c'est sûr. Si nous ______________________ **(être)** à deux, nous ______________________ **(sortir)** en boîte tous les soirs. Espérons que ses parents seront d'accord.

Überlege nun, in welchen Situationen du etwas vorhaben kannst, und formuliere dann erfüllbare Bedingungsätze (*hypothèses certaines*).
Hier ein paar Vorschläge: Was wirst du/werden deine Eltern/Freunde tun, wenn du
- die Reife- bzw. Reife- und Diplomprüfung schaffst,
- keinen Ferialjob findest,
- gleich nach der RP oder RDP zu arbeiten beginnst usw.

Exercice 14 : Faire des promesses

Conjuguez les verbes au **futur simple** et trouvez une ou plusieurs autres idées:

Si tu me / nous donnes de l'argent,
- je ______________________ **(ne pas dépenser)** tout.
- je t' ______________________ **(inviter)** au cinéma la prochaine fois.
- nous vous ______________________ **(aider)** à faire le ménage.
- je ______________________ **(travailler)** plus dur pour l'école.
- nous ______________________ **(faire)** les courses pour toi.
- J' ______________________ **(acheter)** seulement des choses dont j'ai besoin

Überlege nun, in welchen Situationen du jemandem etwas versprechen wirst, und formuliere dann erfüllbare Bedingungssätze (*hypothèses certaines*).
Hier ein paar Vorschläge: Du wirst deinen Eltern/Freunden etwas versprechen, wenn du
- von ihnen die Erlaubnis fürs Fortgehen oder eine Auslandsreise mit Freunden haben willst.
- sie überzeugen willst, dass sie eine bestimmte Unternehmung mit dir machen.

Exercice 15 : Faire des promesses, parler de ses projets

Un adolescent parle de ses rêves. – Conjuguez les verbes à **l'imparfait** et au **conditionnel présent**:

Si je ______________________ **(savoir)** mieux parler français, je ______________________ **(partir)** pour une année Erasmus+ à Nice.

Si mon ami Pierre ______________ **(venir)** avec moi, ce ______________ **(être)** génial parce que nous nous entendons si bien.

Nous ______________ **(s'offrir)** un bon hôtel, si nous ______________ **(recevoir)** une bourse.

Si nous ______________ **(pouvoir)** passer du temps avec des adolescents français, nous ______________ **(connaître)** aussi le mode de vie des Français.

Si je ______________ **(ne pas devoir)** partir seul, nous ______________ **(suivre)** des cours de français pour éviter de parler trop souvent allemand entre nous.

Si nous ______________ **(parler)** bien la langue, nous ______________ **(trouver)** certainement un petit boulot et peut-être nous ______________ **(rester)** plus longtemps en France.

Wenn du also nach deinen Plänen für die Zukunft oder nach deinen Träumen gefragt wirst, dann denke daran, möglicherweise erfüllbare Bedingungssätze (*hypothèses incertaines*) zu verwenden.
Folgende Situationen wären denkbar: Was würdest du tun, wenn du

- ein Angebot für einen Job im Ausland bekommen würdest,
- die Aufnahmeprüfung für dein Wunschstudium nicht schaffen würdest.

Exercice 16 : Exprimer un regret, un reproche

Un élève s'exprime après avoir raté un examen important. – Conjuguez les verbes au **plus-que-parfait** et au **conditionnel passé** :

Si j' ______________ **(avoir)** deux points de plus, j'______________ **(réussir)** cet examen, c'est incroyable.

Je pense que si j'______________ **(mieux préparer)** la partie trois, j'______________ **(obtenir)** ces points.

Si je ______________ **(ne pas rater)** cet examen, je ______________ **(ne pas devoir)** travailler pour l'école pendant les vacances.

Mais si le professeur ______________ **(être)** moins sévère, il ______________ **(pouvoir)** me donner une note suffisante.

En plus, il ______________ **(pouvoir)** préparer un examen moins difficile, s'il ______________ **(vouloir)** nous aider.

Mais en fin de compte, si j'______________ **(travailler)** plus sérieusement, je ______________ **(ne pas avoir)** de difficultés.

LES ADJECTIFS : LA PLACE ET LES ACCORDS (A2)

Adjektive brauchst du, um Dinge, Orte oder Personen näher zu beschreiben oder zu charakterisieren.
Adjektive musst du immer in Geschlecht und Zahl mit dem Hauptwort übereinstimmen, auf das sie sich beziehen, auch wenn sie durch das Verb vom Hauptwort getrennt sind – *La fille est belle*.

L'ACCORD DES ADJECTIFS AVEC LE NOM – ÜBEREINSTIMMUNG MIT DEM HAUPTWORT

Man kann bei der Übereinstimmung von Adjektiven in der Einzahl drei Gruppen unterscheiden:

Übereinstimmung in der Einzahl	**Beispiel**
weibliche Form **= männliche** Form (diese Adjektive enden auf -e)	rouge, dynamique, sympathique, romantique, tendre, triste etc.
weibliche Form **= männliche** Form **+e**	grand – grand**e**, petit – petit**e**, vert – vert**e**, intelligent – intelligent**e**, gai – gai**e**, joli – joli**e** etc.
weibliche Form ≠ **männliche** Form	autrichien – autrichien**ne**, italien – italien**ne** etc. vif – vi**ve**, sportif – sporti**ve** etc. sérieux – sérieu**se**, heureux – heureu**se** etc. bon – bon**ne** beau – **belle**, nouveau – **nouvelle**; vieux – **vieille** cher – ch**ère**, premier – premi**ère** doux – dou**ce** frais – **fraîche** blanc – blan**che** conservateur – conservat**rice** etc.
Bildung der Mehrzahl	**Beispiele**
männliche bzw. **weibliche Form + s**	rouge**s**, grand**s** – grande**s**, autrichien**s** – autrichienne**s**, vif**s** – vive**s**, bon**s** – bonne**s** cher**s** – chère**s** blanc**s** – blanche**s**
männliche Adjektive auf -s oder -x bleiben unverändert	sérieu**x** vieu**x** dou**x** frai**s**, mauvai**s**, gri**s**, gro**s** etc.
männliche Adjektive auf -al werden zu **-aux** **männliche Adjektive auf -eau → + -x**	cardinal – cardin**aux**, général – génér**aux** etc. beau**x**, nouveau**x**

LA PLACE DES ADJECTIFS – STELLUNG DER ADJEKTIVE

Regel	**Beispiel**
Im Allgemeinen stehen die Adjektive **hinter** dem Hauptwort.	une fille **intelligente**, un manteau **gris** …
Bestimmte Adjektive stehen **vor** dem Hauptwort: ***petit, grand, beau, bon, jeune, vieux, gros, joli, mauvais, meilleur, long, nouveau***	un **grand** magasin, mon **petit** chien …
Zahlwörter stehen **vor** dem Hauptwort.	les **deux** jolis manteaux … au **deuxième** étage, le **dernier** bus …

Beachte die Sonderform von *beau, nouveau* und *vieux* vor männlichen Hauptwörtern, die mit Vokal oder stummen h beginnen: *un **bel** hôtel, un **nouvel** anorak* und *un **vieil** ami*.

Exercice 17 : Caractériser une personne, décrire un lieu

Choisissez un adjectif et accordez-le – la place des adjectifs vous aide à faire le choix:

vert – blond – rond – beau – court – gros – grand

Sylvie est une très ______________________ **(1)** fille. Elle mesure 1,75 mètres, alors elle est très ______________________ **(2)**. Elle a de ______________________ **(3)** yeux ______________________ **(4)** et son visage est ______________________ **(5)**. Elle est ______________________ **(6)** et ses cheveux sont ______________________ **(7)**.

spacieux – clair – équipé – grand – confortable – premier – vieux – grand – nouveau

Mon appartement est situé au ______________________ **(1)** étage d'un ______________________ **(2)** immeuble. Mon appartement n'est pas ______________________ **(3)** mais il a une ______________________ **(4)** cuisine qui est bien ______________________ **(5)**. Le salon a deux ______________________ **(6)** fenêtres, alors il est très ______________________ **(7)**. Dans le salon, j'ai de ______________________ **(8)** fauteuils très ______________________ **(9)**.

Exercice 18 : Décrire des choses, présenter des produits

Mettez les adjectifs à la bonne place et accordez-les :

Nos ______________ produits ______________ **(nouveau)** sont de ______________ qualité ______________ **(excellente)**.

Les ______________ robes ______________ **(beau)** sont livrables dans les ______________ couleurs ______________ **(suivant)** : rouge et marron.

Nos ______________ modèles ______________ **(dernier)** sont les ______________ articles ______________ **(meilleur)** de notre gamme.

Les smartphones disposent de ______________ écrans ______________ **(grand, multifonctionnel)**.

Nous vous offrons de ______________ voitures ______________ **(luxueux)** avec des ______________ moteurs ______________ **(performant)**.

Notre hôtel vous offre des ______________ chambres ______________ **(joli)** avec une ______________ vue ______________ **(beau)** sur la côte.

Wenn du in einem Schreibauftrag den Operator/die Handlungsanweisung „beschreiben" siehst, dann denke daran, Adjektive bewusst als sprachliches Mittel einzusetzen.

LES ADVERBES : DE MANIÈRE, DE QUANTITÉ, DE FRÉQUENCE (A2 / B1)

LES ADVERBES DE MANIÈRE

Genauso wie Adjektive dir helfen, etwas genauer zu beschreiben, helfen dir Adverbien, genauer zu sagen, wie etwas gemacht wird (*adverbes de manière*). Diese Adverbien haben meist die Endung *-ment*.

Bildung	Beispiele
Weibliche Form des Adjektivs + *-**ment***	Je travaille **sérieusement**. Je te décris la situation **brièvement**. Ce chiffre a **légèrement** augmenté.
Adjektive mit der Endung *-**ant*** oder *-**ent*** bilden das Adverb auf *-**amment*** oder *-**emment***.	Il vaut mieux conduire **prudemment**. Elle s'habille **élégamment**.

Wichtige Ausnahmen sind: *bien (bon), mieux (meilleur), mal (mauvais), vite (rapide), gentiment (gentil)*

Exercice 19 : Décrire la manière de travailler en cours

Un professeur parle à ses élèves. **Complétez par les adverbes corrects:**

Je suis très content de vous tous parce que vous travaillez si ______________________ **(sérieux)**. Vous faites ______________________ **(régulier)** vos devoirs et c'est pourquoi vous savez si ______________________ **(bon)** faire tous les devoirs à table. Vous parlez ______________________ **(clair)** et je peux donc ______________________ **(facile)** comprendre ce que vous dites. Quand je vous pose des questions personnelles, vous me répondez toujours ______________________ **(sincère)**. J'apprécie cela. Je vous promets donc de réagir ______________________ **(patient)** quand vous ne comprenez pas et de vous aider ______________________**(naturel)**.

LES ADVERBES DE QUANTITÉ

Die *adverbes de quantité* sind Adverbien, die eine Menge angeben.

Verwendung:

einerseits mit Verben	andererseits mit Hauptwörtern + de	Beispiele
beaucoup	beaucoup de	Je travaille **beaucoup**. **Beaucoup de** personnes passent leurs vacances en Autriche.
trop	trop de	Tu fumes **trop**. **Trop de** personnes fument encore.
peu	peu de	Là, on s'amuse **peu**. **Peu de** jeunes ne sortent pas le samedi.
tant/autant	tant/autant de	Tu ne manges pas **autant** que Pierre. Ne fais pas **tant de** bêtises.
assez	assez de	Tu en as **assez**? Je gagne **assez d**'argent.
plus	plus de	Il boit **plus** que moi. Il boit **plus d**'eau que d'alcool.
moins	moins de	Tu devrais fumer **moins**. **Moins de** jeunes lisent des journaux.
davantage	davantage de	Vous paierez **davantage**. Vous aurez **davantage de** droits.

Exercice 20 : Faire des comparaisons, exprimer une quantité

Complétez:

Pierre travaille ____________________ que son frère, mais son frère connaît ____________________ personnes. **(plus / plus de)**

As-tu mangé ____________________ fruits aujourd'hui ? Oui, j'en ai mangé ____________________. **(assez / assez de)**

Ils passent ____________________ temps à l'étranger parce qu'ils aiment ____________________ voyager. **(moins / moins de)**

Je ne dois pas apprendre parce que nous n'avons pas ____________________ leçons à réviser. **(autant / autant de)**

Mon amie Sylvie mange ____________________ surtout ____________________ sucreries. **(trop / trop de)**

Mais en comparaison avec moi, elle en mange ____________________ **(peu / peu de)**.

LES ADVERBES DE FRÉQUENCE

Les *adverbes de fréquence*/Adverbien der Häufigkeit geben an, wie oft etwas gemacht wird. Folgende Adverbien solltest du kennen und aktiv verwenden:

- ne ... jamais
- presque jamais
- rarement
- quelquefois / parfois
- souvent / fréquemment
- habituellement / généralement
- toujours / régulièrement / constamment

Wenn du in einem Text über Handlungen/Tätigkeiten/Gewohnheiten schreibst, dann denke daran, diese *adverbes de fréquence*/Adverbien der Häufigkeit zu verwenden.

Exercice 21 : Contraster la fréquence d'une action

Ajoutez un **adverbe de fréquence**. Plusieurs réponses sont possibles :

Pierre sort __________________ le week-end alors qu'il sort __________________ pendant la semaine.

En été, nous faisons __________________ de la natation alors qu'en hiver nous la pratiquons __________________ .

Je déteste les cigarettes c'est pourquoi je __________________ fume __________________ alors que mon père fume __________________ .

Les Alpins font __________________ du ski alors que les citadins le font __________________ seulement.

Certains élèves parlent __________________ en cours alors que d'autres parlent __________________ .

Du wirst bemerkt haben, dass man in einigen dieser Sätze auch die *adverbes de quantité*/Mengenadverbien verwenden kann – *Certains élèves parlent beaucoup/trop alors que d'autres parlent moins/peu*. Es liegt also an dir, wie und wo du diese einsetzt.

LES PRONOMS COMPLÉMENTS (COD ET COI) (A2/B1)

Die *pronoms compléments direct et indirect*/direkten und indirekten Objektvertreter sind notwendig, um den Zusammenhang eines Textes klar darzustellen. Du solltest daher versuchen, sie möglichst von Beginn an aktiv einzusetzen. Du kannst sie verwenden, wenn du Informationen erhalten möchtest, wenn du etwas erzählst, aber auch wenn du jemandem Anweisungen gibst, was er tun soll.

Hier eine Tabelle mit den verschiedenen Pronomen:

Für Personen	Beispiele
me, te, nous, vous sind sowohl direktes als auch indirektes Objektpronomen	Tu **me** prêtes ton manuel? Je **vous** connais depuis longtemps.
le, la, les ersetzen ein direktes Objekt	Tu **les** as vus samedi soir, nos amis? Nous ne **l'**avons jamais rencontré, ce monsieur.
lui, leur ersetzen ein indirektes Objekt, das mit *à* eingeleitet wird	Maman, tu vas **lui** dire la vérité? Le professeur **leur** explique ce qu'ils doivent faire.
Für Dinge	**Beispiele**
le, la, les ersetzen ein direktes Objekt	Il ne reste plus de glace? Désolé, nous **l'**avons finie. Où sont vos devoirs? Pourquoi est-ce que vous ne **les** avez pas faits?

Beachte die Übereinstimmung des *participe passé*/Mittelwortes der Vergangenheit mit einem vorangehenden *pronoms objet direct*/direkten Objektpronomen.

Exercice 22 : Raconter une histoire

Choisissez et soulignez le **pronom correct**:

Hier, j'ai rencontré Pierre avec une jolie femme blonde. Je **les/leur (1)** ai dit bonjour et il me **le/la/l' (2)** a présentée. C'était son amie Magali. J'étais très surpris de **le/la (3)** voir avec elle puisque je **la/lui (4)** connaissais. Je **la/lui/l' (5)** avais rencontrée lors d'une présentation sur les régions de la France à notre école. Pendant cette présentation, elle **nous/vous (6)** avait raconté beaucoup de choses intéressantes sur ces régions. Elle **nous/vous(7)** avait vraiment donné envie de **les/leur (8)** visiter. Après la présentation, je **lui/la (9)** avais posé un tas de questions et elle **me/les/m' (10)** avait répondu gentiment. Je **lui/la (11)** ai raconté cela et c'était là où elle **me/le/m' (12)** a reconnu. Enfin, je **les/leur (13)** ai souhaité une bonne journée et je **les/leur (14)** ai quittés.

Exercice 23 : Donner des instructions

Des clients arrivent dans l'entreprise. Le chef donne des instructions à ses employés. – Faites des phrases avec «**Vous devez ...**» et **utilisez un pronom complément**:

Voilà la liste des instructions:

- aller chercher les clients

___

- montrer l'hôtel à nos clients

___

- ne pas faire attendre les clients

___

- montrer notre entreprise aux clients

___

- offrir un pot de bienvenue à nos clients

___

- accompagner les clients à la réunion

___

- présenter notre équipe à nos clients

___

Vous devez ...

DEUX PRONOMS COMPLÉMENTS (LA PLACE DES COD ET COI) (B1 / B2)

Natürlich kann man auch im Französischen, so wie im Deutschen, zwei Pronomen verwenden.
Dabei musst du folgende Reihenfolge beachten:

Reihenfolge	Beispiele
me / te / se / nous / vous + le / la / les	J'aimerais bien voir ta nouvelle voiture ? Tu peux **me la** montrer ? Le professeur leur pose des questions en français. Il **les leur** pose lentement. Je vous répète que c'est impossible. Je ne **vous le** répèterai plus.
le / les + lui / leur	Marie a absolument besoin de ses manuels. Il faut que tu **les lui** rendes tout de suite. Les élèves attendent leurs copies. Le prof **les leur** rendra ce matin.

> Natürlich kannst du diese Pronomen auch mit den adverbialen Pronomen *y* und *en* verbinden, diese stehen dann immer nach den *pronoms compléments*.
> *Les parents leur donnent de l'argent de poche régulièrement. Ils **leur en** donnent régulièrement.*
> *Je déteste la fumée des cigarettes. Je ne **m'y** habituerai jamais.*

Exercice 24 : Dire à quelqu'un ce qu'il faut faire

Monsieur Duroc cherche un poste et pose différentes questions. **Répondez en utilisant deux pronoms.**

« Est-ce qu'il faut des références pour postuler à cet emploi ? »

Oui, il ______________________ faut absolument.

« Quand est-ce que je dois envoyer ma candidature à la directrice des RH ? »

Vous devez ______________________ envoyer le plus vite possible.

« Est-ce qu'il me faut une photo pour le CV ? »

Oui, il ______________________ faut une.

« Quand est-ce qu'on va m'envoyer la réponse définitive ? »

On va ______________________ envoyer dans une semaine.

« Quand est-ce que je vais recevoir la fiche de salaire ? »

La secrétaire ______________________ remettra à la fin du mois.

« Est-ce que je peux poser ces questions à mes supérieurs ? »

Non, vous ne devez pas ______________________ poser.

LA NÉGATION (A2 / B1)

Mit der *négation*/Verneinung kannst du Vorschläge ablehnen, aber auch Informationen über Personen oder Dinge geben.

Folgende Ausdrücke solltest du kennen und verwenden:

- ne … pas
- ne … pas encore
- ne … jamais
- ne … plus
- ne … rien
- ne … personne
- ne … aucun/e

In der Regel umschließt die Verneinung das abgewandelte Verb:
*Je **ne** connais **personne**. Nous **ne** sommes **pas** sortis samedi soir. Ils **ne** vont **plus** fumer.*
Nur *personne* steht im *passé composé* nach dem Mittelwort der Vergangenheit:
*Je **n'**ai vu **personne**.*

Plus und *jamais* können gemeinsam verwendet werden oder auch mit *rien* und *personne* kombiniert werden.
*Je **ne** sortirai **plus jamais** avec lui.* Ich werde **niemals mehr** mit ihm ausgehen.
*Il **ne** boit **plus rien**.* Er trinkt nichts mehr.
*Elle **n'**accepte **jamais personne**.* Sie akzeptiert **nie jemanden.**

Denke also beim Schreiben daran, die Verneinung bewusst als sprachliches Mittel einzusetzen, wenn du Informationen über Personen, Dinge oder Orte geben sollst.

Beachte, dass sich bei der *négation*/Verneinung die Form des unbestimmten Artikels und des Teilungsartikels ändert.
Exemples: Madame Dupont achète souvent des pommes chez l'épicier.
*Aujourd'hui, Madame Dupont **n'achète pas de** pommes, elle prend des bananes.*
L'entreprise ELEQU vend des ordinateurs performants.
*Mais ELEQU **ne produit pas d'**ordinateurs, elle les vend seulement.*

Ausnahme: Sätze mit *être*
Exemples: Ce sont des élèves du lycée Florentin.
*Ce **ne sont pas des** élèves du lycée Forentin, ce sont les élèves du lycée Verlaine.*
C'est une catastrophe!
*Ce **n'est pas une** catastrophe!*
Hier bleibt die Form des Artikels gleich.

LES PRONOMS RELATIFS – SIMPLES ET COMPOSÉS

(A2 / B1)
(B1 / B2)

PRONOMS SIMPLES

Qui / que / où / dont

Wie im Deutschen verbinden die Relativpronomen Sätze miteinander, indem sie einen Nebensatz einleiten, den Relativsatz. Sie vertreten ein Nomen, ein Nomen + Präposition oder Pronomen des Hauptsatzes.

Form	Funktion im Satz	wird verwendet anstelle von/ersetzt
qui	Subjekt	Personen oder Sachen (männlich/weiblich Einzahl/Mehrzahl)
que	Direktes Objekt	Personen oder Sachen (männlich/weiblich Einzahl/Mehrzahl)
où	Orts- oder Zeitergänzung	Orts- oder Zeitangaben
dont	Präpositionales Objekt	Verben, Adjektiven oder Nomen + *de*

Auf ***qui*** folgt meistens das Verb des Relativsatzes, auf ***que*** meistens das Subjekt des Relativsatzes.

Das *participe passé* muss mit einem vorangegangenen/voranstehenden direkten Objekt übereingestimmt werden.
que = objet direct, steht es vor dem *participe passé* → Übereinstimmung
Beispiel: *Voici les livres que j'ai lus pendant les vacances.*

Ce qui / ce que / ce dont

Wird verwendet, wenn es im Hauptsatz kein Bezugswort gibt.

Form	Funktion im Satz	wird verwendet anstelle von/ersetzt
ce qui	Subjekt	Depuis trois mois, elle occupe un poste bien payé ce qui est très avantageux pour elle.
ce que	Direktes Objekt	Mes camarades de classe n'aiment pas partir en France ce que je trouve vraiment dommage.
ce dont	Präpositionales Objekt	Devenir une personne célèbre ce dont il rêve depuis son enfance est très difficile.

Mit Hilfe von Relativpronomen kannst du sowohl Personen als auch Sachen genauer definieren/näher beschreiben. Trainiere dies mit den Übungen 25, 26 und 27.

Denke daher beim Schreiben von Texten, in denen du etwas beschreiben, präzisieren, präsentieren sollst, (Operatoren: *décrire, préciser, présenter*) daran, Relativpronomen zu verwenden.

Exercice 25 : Préciser les caractéristiques d'un ordinateur portable

Complétez le texte avec **qui**, **que**, **qu'**, **où** ou **dont**:

Voilà mon nouvel ordinateur portable ____________ est très pratique et ____________ j'ai acheté il y a trois jours. Le magasin ____________ je l'ai acheté est spécialisé dans la vente des ordinateurs performants. Cet ordinateur ____________ la housse de protection était gratuite m'a tout de suite plu. Cet ordinateur ____________ pèse moins d'un kilo, a une batterie avec une autonomie de plus de sept heures. L'écran ____________ mesure 17 pouces me suffit largement. La souris ____________ j'utilise rarement est ergonomique. La page d'accueil ____________ s'affiche en quelques secondes, montre une photo de mes dernières vacances ____________ j'ai passées aux Caraïbes. Les logiciels ____________ il offre sont nombreux. Les logiciels ____________ j'ai besoin sont surtout Word, Acces, Excel et Powerpoint. Mais c'est aussi là que je stockerai les photos ____________ j'ai prises pendant mes voyages et ____________ j'enregistrerai mes vidéos. C'est un appareil ____________ je rêvais depuis longtemps et ____________ va aussi m'aider à mieux faire mon travail.

Exercice 26 : Décrire le professeur idéal

Complétez le texte avec **qui**, **que**, **qu'**, **où** ou **dont**:

Le professeur idéal ____________ j'imagine est une personne ____________ est toujours souriante et serviable. Les cours ____________ il fait, sont toujours bien préparés et motivants. Il nous parle des choses ____________ font partie de notre vie, nous raconte parfois de petites histoires ____________ il aime et il nous fait travailler là ____________ c'est nécessaire. Pendant les heures de cours ____________ nous faisons des exercices de compréhension orale, il nous fait écouter des textes audio et vidéo authentiques. C'est une personne ____________ aime discuter et ____________ le point fort principal est son amour pour les jeunes. Pendant les pauses ____________ il ne devrait pas travailler il reste parfois en classe pour répondre à nos questions. Les devoirs ____________ il nous donne ne sont jamais trop longs et la date ____________ nous devons les rendre, nous la fixons ensemble. Les interrogations ____________ nous connaissons toujours le contenu une semaine en avance, ne sont jamais trop difficiles. Les notes ____________ il donne sont justes, même si parfois elles ne sont pas celles ____________ nous avons attendues. Ces professeurs idéals ____________ je connais quelques-uns existent vraiment.

Exercice 27 : Décrire des relations avec les parents

Complétez avec **ce qui**, **ce que**, **ce qu'** ou **ce dont** :

Les relations avec ma famille sont compliquées. Ma mère travaille beaucoup et j'ai l'impression qu'elle ne sait pas ______________ je pense, ______________ je veux et ______________ m'intéresse. En plus, ______________ je rêve, je ne peux pas le lui dire. Elle veut que je fasse des études, mais ______________ elle attend de moi c'est trop. Mon père me dit toujours ______________ je dois faire et ______________ est le plus important dans la vie. Mais, ______________ il trouve important ce n'est pas ______________ je cherche dans la vie. Il ne me demande jamais ______________ m'amuse, ______________ j'ai envie ou même pas ______________ j'ai fait pendant la journée. C'est dommage qu'ils ignorent ______________ j'aimerais discuter avec eux et ______________ me fait rire ou pleurer. Des parents plus détendus et plus compréhensifs, voilà ______________ je rêve.

PRONOMS RELATIFS (SIMPLES ET COMPOSÉS) AVEC UNE PRÉPOSITION

Relativpronomen können mit Präpositionen wie *chez, dans, avec, sans, à, de* usw. verbunden sein.
Beachte dabei folgende Regeln:

Form	ersetzt	Beispiel
Präposition + qui	Personen	Comment était le jeune homme **avec qui** tu vivais en colocation ?
Präposition + lequel	Sache männlich Einzahl	Voilà mon nouvel ordinateur **sans lequel** je ne pourrais pas faire ce travail.
Präposition + laquelle	Sache weiblich Einzahl	Paris est une ville magnifique **dans laquelle** on peut admirer de nombreux monuments extraordinaires.
Präposition + lesquels	Sachen männlich Mehrzahl	Voilà mes nouveaux ustensiles de cuisine **avec lesquels** cuisiner me fera plaisir.
Präposition + lesquelles	Sachen weiblich Mehrzahl	Dans le salon de l'automobile on a présenté de nouvelles voitures **pour lesquelles** je dépenserais tout mon argent.

Die zusammengesetzten Formen *lequel, laquelle, lesquels* und *lesquelles* können auch für Personen verwendet werden, darauf wird aber hier nicht eingegangen.

Mit der Präposition ***à*** verschmilzt *lequel* zu → ***auquel***
lesquels zu → ***auxquels***
lesquelles zu → ***auxquelles***

Mit der Präposition ***de*** verschmilzt *lequel* zu → ***duquel***
lesquels zu → ***desquels***
lesquelles zu → ***desquelles***

Exercice 28 : Préciser / présenter un lieu

Complétez avec **duquel, de laquelle, desquels, ou desquelles** d'après cet exemple:
Nous passons nos vacances à la Méditerranée **au bord de laquelle** on peut faire de beaux pique-niques **(au bord de)**.

Son eau ______________ on trouve encore différents poissons est chaude en été et tiède en hiver. **(au fond de)**

Près de la côte, il y a l'île St. Honorat ______________ on peut visiter un vieux monastère. **(au centre de)**

Ce monastère ______________ se dresse une jolie tour est habité par des moines bénédictins. **(en face de)**

C'est la tour ______________ on doit monter pour profiter d'une vue splendide sur la Méditerranée. **(en haut de)**

Ce sont les deux monuments les plus visités ______________ se trouvent de beaux jardins. **(près de)**

Ces beaux jardins ______________ on trouve une belle fontaine sont pleins d'arbres et de plantes. **(au milieu de)**

La fontaine ______________ de petits bancs invitent à se reposer jette son eau dans le ciel. **(autour de)**

La mer et la montagne sont des places ______________ je n'aimerais pas vivre. **(loin de)**

LA MISE EN RELIEF (B1 / B2)

Mit *qui* und *que* können auch Teile eines Satzes (Substantive oder Pronomen mit und ohne Präposition) hervorgehoben werden.

Formen	Funktion im Satz
C'est ... qui **Ce sont ... qui**	Hervorhebung des Subjekts
C'est ... que / qu' **Ce sont ... que / qu'**	Hervorhebung von Objekten

Das Verb des folgenden Satzes muss mit dem hervorgehobenen Subjekt übereingestimmt werden:
*C'est **moi** qui **ai** invité Monsieur Claude.*

Verwende diese grammatikalischen Strukturen, wenn du in deinen Texten etwas besonders betonen möchtest. Dies kann sowohl der Urheber einer Sache sein oder die Sache selbst, aber auch ein Ort oder ein Zeitpunkt, an dem ein Ereignis stattfindet/stattgefunden hat oder auch stattfinden wird. Die Struktur selbst bleibt unverändert.

Exercice 29 : Mettre l'accent sur quelque chose / quelqu'un

Transformez les phrases selon l'exemple:
Notre nouveau collaborateur a mené à bien cette affaire. **C'est** notre nouveau collaborateur **qui** a mené à bien cette affaire.

Il faut y arriver **avant sept heures**. ______________________________ **(1)**

Nous devons organiser ce rendez-vous **encore cet après-midi**. ______________________________ **(2)**

Les clients habituels devraient recevoir l'invitation les premiers. ______________________________ **(3)**

Il faut adresser cette lettre d'information **à nos clients**. ______________________________ **(4)**

Ma cousine habite actuellement **à Paris** pas à Nantes. ______________________________ (5)

Les hommes politiques devraient attacher une plus grande importance **à ce problème**. ______________ (6)

Nous allons résoudre ce problème **après la discussion avec les experts**. ______________________ (7)

Tu dois demander la permission **à tes parents**. ______________________________ (8)

LE GÉRONDIF (B1 / B2)

Das *gérondif*, das es im Deutschen in dieser Form nicht gibt, ist ein sprachliches Mittel, mit dem du einen Haupt- oder Nebensatz verkürzen kannst. Das Subjekt muss aber in den beiden Sätzen das gleiche sein.
Du kannst damit Folgendes ausdrücken:

- die Gleichzeitigkeit
- das Mittel der Art und Weise
- eine Bedingung

Das *gérondif* wird folgendermaßen gebildet:

Regel	Beispiele
en + participe présent	Je regarde la télé **en mangeant** des chips.
	J'apprends le français **en écoutant** des chansons.
	En sortant moins souvent, tu ferais des économies.

Rappel*/Erinnerung:** Das *participe présent* wird mit dem Stamm der 1. Person Mehrzahl der Gegenwart und der Endungen ***-ant gebildet.

Exercice 30 : Expliquer / dire comment on fait quelque chose

Transformez les phrases **en utilisant le gérondif** :

Exemple : Pierre apprend le français. Il suit un cours. Pierre apprend le français **en suivant** un cours.

Faites cet exercice. Insérez les mots qui manquent.

____

Rédigez un bon texte. Reliez les phrases avec des mots de liaison.

____

Vous devez préparer une présentation. Vous devriez utiliser le programme PowerPoint.

____

Vous ferez des expériences intéressantes. Vous devez partir à l'étranger seul.

____

On devient un bon footballeur. On doit s'entraîner régulièrement.

____

____

Ils feront des progrès. Ils doivent travailler dur.

Elle a trouvé ce poste. Elle a lu les petites annonces dans un journal.

Mit dem *gérondif* kannst du also jede Zeitform ersetzen, die Form des *gérondif* bleibt aber immer gleich!

Wenn du die Verwendung des *gérondif* weiter üben willst, dann verkürze alle Bedingungssätze aus den Übungen Seite 133–135, die das gleiche Subjekt haben.

LE SUBJONCTIF (B1 / B2)

Der *subjonctif* wird verwendet, um Wünsche, Gefühle, persönliche Urteile oder Zweifel auszudrücken; aber auch um jemandem zu sagen, was er/sie machen soll, also um Ratschläge zu geben.
Er wird nicht verwendet, um Tatsachen auszudrücken, dafür verwendet man den Indikativ.
Der *subjonctif* steht in Nebensätzen, die mit *que* eingeleitet werden. Das Subjekt des Nebensatzes ist nicht dasselbe wie das Subjekt des Hauptsatzes.
Bei Subjektgleichheit verwendet man eine Nennformkonstruktion.

Bildung des *subjonctif*:

Regel	Formen	Beispiel
Stamm der 3. Person Mehrzahl Präsens + *-e, -es, -e* für die Einzahl und + *-ent* für die 3. Person Mehrzahl	que je part**e**	Elle aimerait que je sort**e** moins souvent.
	que tu part**es**	Je préfère que tu ne prenn**es** pas la moto.
	qu'il / elle / on part**e**	Il vaut mieux qu'il rentr**e** maintenant.
	qu'ils / elles part**ent**	Je veux qu'ils finiss**ent** le travail tout de suite.
1. + 2. Person Mehrzahl haben die Form des *imparfait*	que nous parti**ons**	Il veut que nous l'accompagn**ions**.
	que vous parti**ez**	J'exige que vous me répond**iez**.

Beachte folgende Ausnahmen:
avoir (que j'aie, que tu aies, qu'il / elle ait, que nous ayons que vous ayez, qu'ils / elles aient)
être (que je sois, que tu sois, qu'il / elle soit, que nous soyons, que vous soyez, qu'ils / elles soient)
aller (que j'aille, que tu ailles, qu'il / elle aille, que nous allions, que vous alliez, qu'ils / elles aillent)
faire (que je fasse ...)
pouvoir (que je puisse ...)
savoir (que je sache ...)
vouloir (que je veuille ...)

Listen mit Ausdrücken, nach denen der *subjonctif* verwendet wird, findest du in deinen Lehrbüchern oder in einem Grammatikbuch.

Unterstreiche in den folgenden Übungen und in den Beispielen alle Ausdrücke, die den *subjonctif* verlangen, dann kannst du dir auch schon selber eine kleine Liste anlegen.

Der *subjonctif* wird auch nach folgenden Bindewörtern verwendet: *sans que* (ohne dass), *bien que/quoique* (obwohl), *avant que* (bevor), *pour que* (damit) und *jusqu'à ce que* (bis).

Denke beim Schreiben von Texten, in denen du deine Wünsche, Gefühle oder Zweifel beschreiben sollst, daran, den *subjonctif* zu verwenden. Ebenso wenn du persönlich Stellung nimmst oder jemandem sagst oder rätst, was er tun soll.

Die folgenden Übungen sollen dir zeigen, in welchem Zusammenhang du den *subjonctif* verwenden kannst/sollst. Sie dienen nicht dazu, die Bildung der Formen oder die unterschiedliche Verwendung von *subjonctif* und *indicatif* zu trainieren. Dazu musst du dein Lehrbuch oder ein Grammatikbuch verwenden.

Exercice 31 : Exprimer un sentiment

Mettez les mots dans l'ordre :

samedi | je | chez | nous | contente | vienne | très | que | suis | Jacques

____

sommes | Sylvie | possibilité | partir | Paris | pour | heureux | nous | que | ait | la | de | possibilité

____

fantastique | nous | ce | c'est | puissions | que | stage | faire

____

elle | peur | vacances | partent | elle | sans | qu' | en | a | ils

____

l'heure | cela | les | soient | à | m' | énerve | pas | que | ne | gens

____

déteste | le | élèves | cours | que | chose | professeur | autre | fassent | en | les

____

venir | que | puisse | pas | je | ma | regrette | ne | mère

____

notes | vous | suis | pas | bonnes | triste | je | n'ayez | de | que

____

Exercice 32 : Dire à quelqu'un de faire quelque chose – donner des conseils

Un de vos amis va se présenter à un entretien d'embauche. Complétez par la forme correcte du **subjonctif** :

Premièrement, il faut que tu ____________________ **(aller au lit tôt)** et que tu ____________________ **(dormir bien)**. Il est absolument nécessaire que tu ____________________ **(porter)** des vêtements adéquats et que tu ____________________ **(avoir)** une bonne présentation. En plus, il faut que tu ____________________ **(ne pas arriver en retard)** et que tu ____________________

(être calme et souriant). Il est bien que tu ____________________ **(réfléchir)** avant de répondre et que tu ____________________ **(répondre)** clairement. Il est bien aussi que tu ____________________ **(dire)** ce que tu sais de l'entreprise.

Il est préférable que tu ____________________ **(mettre l'accent)** sur tes points forts, mais c'est essentiel que tu ____________________ **(ne pas exagérer)**. Enfin, il est indispensable que tu ____________________ **(tenir compte)** de ce que dit ton interlocuteur et que tu ____________________ **(suivre)** mes conseils.

Exercice 33 : Exprimer des jugements

Marie se plaint de ses parents. Complétez par la forme correcte du **subjonctif**:

Mes parents sont vraiment compliqués. À mon avis, il est impossible qu'ils me ____________________ **(dire)** toujours ce que je dois faire. Je trouve cela inadmissible qu'ils ____________________ **(vouloir)** savoir avec qui je sors et quand je rentre. C'est grave qu'ils ne me ____________________ **(faire)** pas confiance. Ce n'est pas bon qu'ils ____________________ **(se faire)** des soucis et qu'ils ____________________ **(ne pas accepter)** que je suis presque adulte. Je trouve ça bizarre qu'ils ____________________ **(ne pas savoir)** s'y prendre avec une enfant de 17 ans.

Nach Verben der Meinungsäußerung (*croire, penser, trouver*) verwendet man den *subjonctif* nur in der verneinten oder fragenden Form. Denn damit drückst du einen Zweifel aus.
Beispiele: *Je ne crois pas qu'il vienne. Tu penses qu'elle fasse des efforts maintenant?*
In der bejahten Form betrachtet man das Gesagte als Tatsache → *Indikativ*.
Beispiel: *Je trouve que Jacques fait des progrès en mathématiques.*

LE PASSIF (B1 / B2)

Das *passif*/Passiv wird verwendet, um zu sagen, was passiert ist, und um Informationen über Dinge oder Ereignisse zu geben. Es kommt daher oft in Zeitungsartikeln und im beruflichen Kontext (Geschäftsbriefe, E-Mails, Broschüren ...) vor. Im Deutschen wird es auch als „Leideform" bezeichnet, weil das Subjekt des Passivsatzes die Handlung „erleidet".

Bildung	Beispiel
Entsprechende Zeitform des Hilfszeitworts *être* + *participe passé*	Le magazine **est lu** par les plus jeunes.
	La porte **a été ouverte**.
	Les articles **seront livrés**.
	Notre maison **va être rénovée**.
	Dans ce cas-là, les pièces de rechange **seraient renvoyées** à vos frais.

Das *participe passé*/2. Mittelwort muss mit dem Subjekt des Passivsatzes übereingestimmt werden.

Ein Verb, das kein *complément d'objet direct*/direktes Objekt haben kann, kann keine Passivform bilden, da das direkte Objekt eines Aktivsatzes zum Subjekt des Passivsatzes wird.
Les élèves écrivent régulièrement **leurs devoirs**.
↓
Les devoirs sont écrits par les élèves régulièrement.

Exercice 34 : Dire ce qui s'est passé / informer sur un événement

Transformez les phrases à la **forme passive** :

1. M. Dubois a causé un accident grave la semaine dernière.

2. Il a blessé deux personnes et il a endommagé sa nouvelle voiture.

3. L'ambulance a transporté les blessés à l'hôpital.

4. Une voiture de dépannage a emporté la voiture à un garage.

5. La police a interrogé M. Dubois.

6. Après cet interrogatoire, M. Dubois a signé un protocole.

7. Les médecins soigneront les blessés et un mécanicien réparera la voiture.

8. L'assurance dédommagera les blessés.

Exercice 35 : Informer sur les choses

Faites des phrases à la **forme passive** d'après l'exemple :

Exemple : Annonce d'une baisse des prix. **(annoncer)**
Hier matin, une baisse des prix **a été annoncée**.

Beachte die Zeitangaben! Sie zeigen dir, ob das Gesagte in der Vergangenheit oder in der Zukunft liegt.

Livraison de la marchandise commandée dans huit jours. **(livrer)**

Dans huit jours, ______

Ouverture de notre nouveau magasin demain. **(ouvrir)**

Demain, ______

Inauguration du musée Picasso en 2012. **(inaugurer)**

En 2012, ______

Envoi de notre nouveau catalogue à tous nos clients la semaine prochaine. **(envoyer)**

La semaine prochaine, ______

Élection de notre nouveau président il y a quelques mois. **(élire)**

Il y a quelques mois, ____

Convocation du parlement la semaine dernière. **(convoquer)**

La semaine dernière, ____

Transport des marchandises au port de Toulon par train demain matin. **(transporter)**

Demain matin, ____

Invitation des clients à un pot de bienvenue ce soir. **(inviter)**

Ce soir, ____

Réunion des employés pour une discussion avec le responsable demain après-midi. **(réunir)**

Demain après-midi, ____

Accompagnement des participants à l'aéroport hier soir. **(accompagner)**

Hier soir, ____

LE DISCOURS INDIRECT (B1)
ET LA CONCORDANCE DES TEMPS (B2)

LE DISCOURS INDIRECT

Mit dem *discours indirect*/der indirekten Rede gibt man wieder, was jemand sagt/fragt oder gesagt/gefragt hat. Du kannst sie also z. B. in einem persönlichen E-Mail oder in einem Blog verwenden, um die Aussagen/Fragen deiner Eltern, Lehrerinnen/Lehrer oder deiner Freundinnen/Freunde wiederzugeben. Auch in einem Bericht ist es denkbar, dass man Aussagen/Fragen einer bestimmten Personengruppe wiedergeben möchte, z.B. was eine Kundengruppe über ein neues Produkt denkt.

In der folgenden Tabelle findest du einen kurzen Überblick über die Änderungen in der Satzstruktur zwischen *discours direct* und *discours indirect*/direkter und indirekter Rede.

***Discours direct*/direkte Rede**	***Discours indirect*/indirekte Rede**
«Je ne connais pas ce monsieur!»	Je te dis **que** je ne connais pas ce monsieur.
«Est-ce que vous avez bien compris?»	Je vous demande **si** vous avez bien compris.
«Qu'est-ce que tu n'as pas compris?»	Je te demande **ce que** tu n'as pas compris.
«Qu'est-ce qui se passe?»	Je te demande **ce qui** se passe.
«Alors, faites attention!»	Je vous dis **de** faire attention.

Bei Fragen mit Fragewörtern tritt immer das jeweilige Fragewort an die Stelle von *si*:
Elle aimerait savoir ***comment*** *vous avez fait ce gâteau. Je veux savoir* ***pourquoi*** *tu n'es pas venu.*

Beachte, dass in der indirekten Rede auch sehr oft die persönlichen Fürwörter, die besitzanzeigenden Fürwörter sowie manche Ortsangaben geändert werden müssen.
*Le professeur dit: «****Je*** *vais* ***vous*** *expliquer tout».*
*Le professeur dit qu'****il*** *va* ***nous*** *expliquer tout.*

Exercice 36 : Rapporter les paroles des professeurs

Soulignez le mot introducteur correct :

Nos professeurs nous demandent à la fin d'un cours / d'un semestre :

- **que / ce que** nous avons à faire pour le prochain cours
- **si / ce que** nous avons fait nos devoirs
- **ce que / ce qui** nous n'avons pas compris
- **ce qui / ce que** nous plaît
- **si / comment** nous aimons les chansons françaises
- **si / comment** les cours se sont déroulés
- **pourquoi / que** nous ne voulions pas leur répondre
- **ce que / ce qui** nous aimerions changer
- **si / que nous** avons profité des cours

Exercice 37 : Rapporter les paroles des clients

1. **Feedback des clients après le salon :** « Vos modèles nous plaisent beaucoup, mais nous n'avons pas reçu toutes les informations voulues. Pouvez-vous nous les faxer rapidement ? Concernant les réductions de prix, qu'est-ce qui a été décidé ? Nous serions prêts à vous passer une commande importante. »

Complétez les phrases :

Employé : « Il y a un feedback des clients. »

Directeur : « Qu'est-ce qu'ils disent ? »

Employé : « Ils disent ______________________ **(1)** beaucoup, mais ______________________ **(2)** toutes les informations voulues. Ils demandent ______________________ **(3)** rapidement, En plus, ils veulent savoir ______________________ **(4)** concernant les réductions de prix. Enfin, ils nous font savoir ______________________ **(5)** une commande importante. »

2. **Information d'un client:** Mon collègue et moi, nous viendrons chez vous jeudi matin. Est-ce que tout va bien pour la réunion? J'apporterai le dossier comme prévu, mais je n'ai pas pu parler à mon chef. J'essaierai de lui téléphoner avant de venir. Pourriez-vous préparer un devis quand même?

Complétez les phrases:

Employée: «J'ai reçu une information de Monsieur Chaigneau.»

Directrice: «Qu'est-ce qu'il dit?»

Employée: «Il dit ______________________ **(1)** jeudi matin. Il veut savoir ______________________ **(2)** pour la réunion. En plus, il nous informe ______________________ **(3)** le dossier comme prévu, mais ______________________ **(4)**. Il dit ______________________ **(5)** avant de venir. Enfin il nous demande ______________________ **(6)** un devis quand même.»

LA CONCORDANCE DES TEMPS

Wenn im *discours indirect*/der indirekten Rede das **einleitende Verb in einer Zeitform der Vergangenheit** steht, so musst du die folgende *concordance des temps*/Zeitenfolge in der indirekten Rede beachten:

***Discours direct*/direkte Rede**	***Discours indirect*/indirekte Rede**
Gleichzeitigkeit der Handlung	
présent/Gegenwart →	***imparfait***/Mitvergangenheit
«Je suis toujours malade»	Il m'a dit qu'il était toujours malade.
Vorzeitigkeit der Handlung	
passé composé/Vergangenheit →	***plus-que-parfait***/Vorvergangenheit
«Nous l'avons vu hier soir.»	Ils m'ont raconté qu'ils l'avaient vu la veille.
Nachzeitigkeit der Handlung	
futur simple/Zukunft →	***conditionnel du présent***/Konditional 1
«Est-ce qu'elle viendra aussi ce soir?»	Il voulait savoir si elle viendrait aussi le soir.

Beachte, dass in diesem Fall auch die Zeitangaben geändert werden müssen.

- hier → la veille
- aujourd'hui → ce jour-là
- en ce moment/à présent → à ce moment là
- demain → le lendemain
- dans huit jours → huit jours plus tard

Lies, wenn notwendig, in einem Grammatikbuch nach oder frage deine Lehrerin/deinen Lehrer, wenn du unsicher bist.

Exercice 38 : Rapporter les questions d'un recruteur

Après un entretien d'embauche vous écrivez à un ami pour l'informer sur les questions qu'on vous a posées.
Voilà les questions :

« Quels sont vos points forts ? »
« Qu'est-ce qui vous intéresse dans ce poste ? »
« Vous maîtrisez tous ces logiciels ? »
« Comment avez-vous appris que nous cherchons du personnel ? »
« Avez-vous déjà travaillé dans cette branche ? »
« Est-ce que vous êtes déjà allée en France ? »
« Est-ce que ce sera possible de vous envoyer à notre succursale à Paris ? »
« Vous serez prête à voyager souvent ? »
« Que ferez-vous dans dix ans ? »

Complétez le texte :

Cher ami,

Mon entretien s'est bien passé, mais le recruteur m'a posé un tas de questions. Tout d'abord, il voulait savoir ______________________ **(1)** et ______________________ **(2)** dans ce poste. On a aussi parlé de différents logiciels et il m'a demandé ______________________ **(3)**. Il voulait aussi savoir ______________________ **(4)** du personnel et ______________________ **(5)** dans cette branche. Puis, il m'a demandé ______________________ **(6)** en France et ______________________ **(7)** à Paris. Enfin, il voulait savoir ______________________ **(8)** à voyager souvent et ______________________ **(9)**.

CONJONCTIONS ET CONNECTEURS (LOGIQUES)

Merke dir folgende Wörter: ***et, ou, donc, or, ni, car*** (und, oder, daher, (nun) aber, noch, denn)

L'opposition

mais
alors que
au contraire
pourtant
par contre
en revanche

sans que + subjonctif
cependant
à l'opposé de / à l'inverse de
contrairement à

L'expression de la cause

parce que
à cause de + nom
car
comme (au début de la phrase)
puisque
grâce à + nom
c'est pourquoi
en effet
en raison de + nom
sous prétexte de
du fait de
par / à la suite de
pour / par manque de
faute de
à force de
de peur de

L'expression du but

pour + nom
pour + infinitif
pour que + subjonctif
afin de + infinitif
afin que + subjonctif
en vue de + nom
dans le but de + infinitif
dans la perspective de + infinitif
dans / avec l'intention / l'espoir de + infinitif

La conséquence

et
alors
c'est pour ça
donc
c'est pourquoi
voilà pourquoi
par conséquent
ainsi
en conséquence
de ce fait
de façon / manière / sorte que
si bien que
tant / tellement ... que

Les articulateurs chronologiques

tout d'abord
d'abord
puis / et puis
ensuite
après
premièrement / deuxièmement ...
en premier / deuxième lieu
de plus
en outre
enfin
finalement
à la fin

Conclure un texte

En résumé, ...
En conclusion, ...
Bref, ...
Pour terminer, ...
Après tout, ...
En somme, ...

Le temps

quand
avant que + subjonctif
après que
depuis que
pendant que
en même temps que
au moment où

La condition

si
au cas où + conditionnel
à condition que + subjonctif
pourvu que + subjonctif

L'explication

à savoir
c'est-à-dire
soit

La concession

bien que + subjonctif
cependant
malgré
pourtant
quand même
néanmoins
toutefois
tout de même
or
même si
quoique + subjonctif
au mépris de

La comparaison

comme
ainsi que
de la même façon que
comme si

L'illustration

(comme) par exemple
c'est ainsi que
notamment
en particulier

L'addition

et
de plus
en outre
non seulement ... mais aussi / encore
également / aussi
ainsi que

et ... et

L'alternative

ou
soit ... soit
ou ... ou
ou bien
d'un côté ... de l'autre
d'une part ... d'autre part
sinon

Exemples pour l'emploi des conjonctions et connecteurs

Niveau A2:

La vie en ville est belle, **mais** moi, je préfère vivre à la campagne.
J'ai acheté des fleurs **pour l'anniversaire** de ma mère.
Je rentre vite **pour faire** mes devoirs.
Pierre se dépêche **parce qu'il** ne veut pas arriver en retard.
Elle travaille beaucoup. **C'est pour ça** qu'elle ne peut pas venir.
Les élèves n'ont pas compris. **Alors**, le professeur va expliquer cela encore une fois.
J'ai préparé un sandwich au jambon, **et puis** je l'ai mangé.
Tout d'abord, je me lève. **Puis** je fais la toilette et **après** je prends le petit déjeuner. **Enfin**, je quitte la maison **pour aller** à l'école.

Niveau B1:

Elle regardait déjà la télé alors que son mari faisait encore la vaisselle.
Ils adorent les sports nautiques, leurs parents, par contre, préfèrent les randonnées.
Les professeurs se donnent de la peine pour que les élèves puissent suivre leurs cours.
Comme il a échoué à cet examen, il ne peut pas continuer ses études à l'université de Vienne.
C'est grâce à ton aide précieuse que j'ai pu accomplir cette tâche.
Je m'entraîne régulièrement dans un centre de remise en forme, voilà pourquoi je suis en forme.
L'année dernière j'ai beaucoup travaillé, c'est pourquoi j'aimerais réduire mes heures de travail dans l'année à venir.
Les bateaux sont partis en excursion malgré la tempête qui avait été annoncée/malgré le mauvais temps.
Il descend souvent trop vite les pistes bien qu'il ne sache pas bien faire du ski.

Niveau B2:

Au cas où vous ne **seriez** pas disponible, veuillez prévenir ma secrétaire.
De nos jours, beaucoup de jeunes continuent à vivre chez leurs parents à l'âge de 25 ans et plus **contrairement** aux générations précédentes.
Notre nouveau collaborateur a effectué un grand nombre de voyages à l'étranger **dans l'espoir de** perfectionner ses connaissances de langues encore insuffisantes.
De peur de rester bloquée sur l'autoroute et d'arriver en retard à cette réunion particulièrement importante, elle a emprunté la route nationale.
Elle ne veut pas l'admettre, mais elle manque de moyens financiers et **c'est pour cela** qu'elle ne veut pas partir en Inde avec nous.
Magali était malade le jour de l'examen, **néanmoins** elle a obtenu d'excellents résultats.
Les élèves ont **tellement** insisté sur leur plan de faire cette excursion **que** le professeur a enfin accepté leur proposition.

Conjonctions und *connecteurs* alleine machen aus einem Text noch keinen guten, zusammenhängenden Text. Dafür brauchst du auch ein möglichst großes Repertoire an Vokabeln und Strukturen.

VERITAS

Gemeinsam besser lernen

Gemeinsam besser lernen mit …

Durchstarten Französisch Grammatik **Coachingbuch**

Beatrix Rosenthaler

176 Seiten, 16,5 x 24 cm, 4-färbig, Broschur
ISBN 978-3-7058-7570-8

Leicht verständliche und übersichtliche Zusammenstellung der wichtigsten Kapitel der französischen Sprachlehre. Zuverlässiger Begleiter und praktisches Nachschlagewerk für alle FranzösischlernerInnen. Alphabetischer Aufbau des Buches – vom *accord du participe passé* bis zum *subjonctif* – nach dem bewährten Doppelseitenprinzip: links Theorie, rechts zahlreiche Übungsbeispiele. Das beiliegende Lösungsheft enthält auch ein ausführliches Vokabelverzeichnis.

Geeignet für alle Lernjahre!

Durchstarten Französisch Grammatik **Übungsbuch**

Beatrix Rosenthaler

120 Seiten, A4, Broschur
ISBN 978-3-7058-7413-8

Der ideale Trainingspartner mit über 3000 Übungen zum Wiederholen, Vertiefen und Absichern der französischen Grammatik sowie für die Erweiterung des Wortschatzes und die Verbesserung des Stils. Zu Beginn jedes Grammatikkapitels kurze Erklärungen, daran anschließend umfangreiche Übungen in verschiedensten Übungsformaten. Das ausführliche Vokabelverzeichnis im Anhang des Buches erspart das Nachschlagen in Wörterbüchern. Ein Lösungsheft zur Selbstkontrolle liegt bei.

Geeignet für alle Lernjahre!

Erhältlich direkt beim Verlag oder bei Ihrem Buchhändler

Bestellen Sie online, rufen Sie an oder schicken Sie ein Fax oder E-Mail:
Tel.: +43 732 776451-2280 · Fax: +43 732 776451-2239 · E-Mail: kundenberatung@veritas.at
www.veritas.at

VERITAS
Gemeinsam besser lernen

Gemeinsam besser lernen mit ...

Durchstarten zur AHS-Matura Englisch NEU (inkl. Audio-CD und Lösungsheft) Übungsbuch 7. und 8. Klasse

Martina Spielauer, Gabriela Sturm-Petritsch

160 Seiten, A4
ISBN v

Umfassender, für das Selbststudium konzipierter Vorbereitungsband auf die neue, standardisierte kompetenzorientierte Reifeprüfung. Jeder sprachlichen Fertigkeit ist ein klarer Erklärungs- und Aufgabenteil gewidmet. Dabei zentral sind die Testformate der neuen Matura, insbesondere der Bereich *Language in Use*. Konkrete Anleitungen helfen beim Verfassen prüfungsrelevanter Textsorten. Erarbeitung, Ausbau und Festigung des individuellen Wortschatzes ist relevant (themenbezogenes Vokabular, kommunikative Sprachfunktionen, *Linkwords* usw.). Mini-Grammatiktests und ein *Revision*-Abschnitt bieten Wiederholungs- und Kontrollmöglichkeiten.